KB266345

모여라! 퀴어 청소년

모여라! 퀴어 청소년

퀴어 청소년 당사자 모임 ☆ 짱돌

사계절

들어가며

나는 누구인가? 어떤 사람인가? 어떻게 살아가야 하는가? 처음으로 정체성에 대해 고민했던 열네 살 무렵, 저를 가장 어렵게 한 질문들입니다. 도대체 나는 누구인지, 무엇을 좋아하는지, 왜 항상 무언가가 어렵고 불편한 건지 고민이 되었지요. 특히 성 정체성, 성적 지향과 관련된 문제들은 저를 무척이나 힘들게 했습니다. 다른 누군가에게 말하면 안 될 것 같다는 생각에 혼자 밤새 핸드폰을 붙들고 검색을 했던 기억이 납니다.

나에 대해 알아 가는 과정은 어렵고 외로웠지만 재미있는 시간이기도 했습니다. 나를 정확히 설명할 수 있는 언어를 찾아가는 것은 무척 신이 나는 일이었습니다. 그 길에서 나와 비슷한 고민을 하는 사람들과 연결되고, 마침내 퀴어 청소년 당사자 모임 '짱똘'을 만들면서 진정으로 나의 정체성을 인정받는 경험을 하게 되었지요. 그 경험은 매우 특별하고 각별했습니다.

학교는 우리에게 작은 사회였습니다. 기숙사가 있는 6년제 대안학교 학생이었던 우리는 24시간을 학교에서 보냈고, 모든 관계와 생활을 그 안에서 경험했으니까요. 따라서 학교를 바꾸겠다는 결심은 그때 우리의 인생에서 가장 중요한 일이었습니다. 훗날 학교를 졸업하고 멀리 떨어져서 보니 아무것도 아닌 일도 있었지만, 대부분은 학교 밖에서 봐도 매우 중요한 일이었습니다. 학교를 바꾸려고 했던 우리가 실은 세상을 바꾸고 있었던 것이지요. 우리의 이런 움직임을 기록할 필요가 있다고 생각했습니다.

'퀴어 청소년'에 대한 책은 찾기 어렵습니다. 특히 당사자가 이야기하는 책은 거의 없지요. 그래서 퀴어라는 정체성을 한껏 크게 느끼며 청소년기를 보냈던 우리만이 할 수 있는 이야기라고 생각했습니다. '퀴어'라는 정체성과 '청소년'이라는 정체성을 따로 생각하는 경우가 많지만, 이 두 가지가 연결되었을 때 겪는 일들도 무척 다양하거든요. 이러한 우리의 경험을 이 책에 담고 싶었습니다. 청소년기에 퀴어 정체성에 대해 고민하고, 커밍아웃하고, 동료를 만나고, 차별에 맞섰던 경험을 나누고 싶었습니다. 이런 경험은 나누는 것만으로도 변화의 기회를 제공하기도 하니까요.

대안학교에서의 경험은 매우 특이하고 개인적인 일처럼 보일 수도 있습니다. 일상에서 대안학교에 다니는 청소년을 만나기 어렵기 때문입니다. 대안학교라서 가능했던 일도, 대안학교라서 더 어려웠던 일도 있었습니다. 어떤 부분은 너무 낯설게 보이겠지만, 많은 부분에서 크게 공감하실 것입니다. 자신의 경험을 생각하며 읽어 주시면 좋겠습니다. '나'에 대해 고민하던 청소년기, 학교에서 겪은 온갖 부당한 일들, 곁에 있는 소중한 동료들, 자신의 소수자성과 특권, 변화해 가는 세상과 변화를 위해 연대하는 사람들을 생각해 주시면 좋겠습니다. 우리의 내밀하고 고유한 이야기가 여러분에게 가닿으면 좋겠습니다.

책을 읽으며 종종 낯선 단어를 발견하게 될 것입니다. 특히 퀴어 정체성에 대한 용어는 대부분 어렵습니다. 당사자가 아니라면 잘 사용하지 않는 단어이기도 하고, 영어를 그대로 사용하는 경우도 많기 때문입니다. 최대한 쉽게 풀어 쓰려 노력했지만, 그 단어 없이는 설명할 수 없는 말은 그대로 사용하였습니다. 퀴어라는 낯선 세계를 탐구하는 기회인 만큼 마음을 열고 천천히 읽어 주시길 바랍니다. 이해하기 어려운 용어가 나타난다면 잠시 책의 앞부분으로 넘어와 「읽기 전에」를 참고해 주세요.

그 밖에 우리가 흔히 사용하지만 차별적인 의미가 담긴 표현은 다른 단어로 대체하였습니다. 대표적으로 '부모'가 있습니다. 흔히 쓰는 말이지만 여기에는 여성과 남성 간의 결혼 관계만이 포함되어 있습니다. 다양한 가족의 형태를 담지 못하는 단어이기에 모두를 포용할 수 있는 '양육자'를 사용하였습니다.

'퀴어'라는 정체성으로 뭉쳤던 우리는 지금도 함께 모여 밥을 먹고 마음을 나눕니다. 서로가 곁에 존재한다는 사실만으로도 힘을 얻어 살아갑니다. 퀴어라서 행복하다고, 청소년기를 함께 보낸 서로가 있어 행복하다고 말합니다.

세상은 변화하고 있습니다. 사람들이 광장에 모여 더 나은 세상을 외칠 때, 다양한 소수자들이 모여 서로 힘이 되어 주고 있습니다. 그중에는 퀴어도, 청소년도, 여성도, 장애인도, 이주민도, 농민도, 노동자도 있습니다. 소수자들이 목소리를 낼 때 세상은 변화합니다. 이러한 변화에 이 책이 조금이라도 도움이 되기를 바랍니다. 여러분도 함께해 주시면 좋겠습니다.

성소수자를 표현하는 다양한 용어들이 있습니다. 그 가운데 이 책을 읽는 데 도움이 될 최소한의 내용을 정리했습니다. 물론 이를 완벽하게 다 알아야만 성소수자를 만날 수 있는 것은 아닙니다. 타인을 좀 더 잘 이해하고 존중하기 위해 익혀 두는 최소한의 도구, 개념이라고 생각해 주시면 좋겠습니다.

퀴어 queer

퀴어는 '기묘한, 이상한'이라는 뜻의 영어 단어로 과거에는 성소수자를 비하하는 말이었습니다. 1990년대 이후에는 이를 전복하는 의미로 성소수자가 스스로를 퀴어라 부르고 있습니다. LGBTAIQ+(레즈비언Lesbian, 게이Gay, 양성애자Bisexual, 트랜스젠더Transgender, 무성애자Asexual, 간성Intersex, 정체성을 정하지 않거나 의문을 갖고 있는 상태Questionery를 비롯한 퀴어 정체성 모두를 포괄하는 단어)도 같은 의미로 쓰이고 있습니다. 성소수자는 오랜 시간 동성애자와 트랜스젠더만을 의미하는 말처럼 쓰였습니다. 정체성 스펙트럼이 점점 다양해지고, 그 경계가 불분명해지고 있는 지금 '성소수자'라는 개념은 동성애자, 트랜스젠더를 넘어 더 다양한 존재를 표현할 수 있어야 합니다. 이 책에서는 다양한 정체성을 오가는 퀴어한 존재가 배제되지 않기를 바라는 마음으로 '퀴어'라는 표현을 사용하려 합니다.

스펙트럼 spectrum

성별 정체성이나 성적 지향, 로맨틱 지향과 같은 퀴어 정체성은 하나의 고정된 단어로 표현하기 어려울 때도 있습니다. 사람에 따라 자신의 정체성을 인지하는 정도가 다를 수 있기 때문입니다. 100명의 사람이 있다면 100가지의 정체성이 있습니다. 그렇기 때문에 자신의 정체성을 더 잘 표현하기 위해 '스펙트럼'이라는 개념을 사용하기도 합니다. 스펙트럼은 개인의 정체성이 완전히 남성이거나 완전히 여성, 또는 완전히 동성애자이거나 완전히 이성애자 등으로 한정된 것은 아니라는 뜻을 담고 있습니다. 우리는 상황이나 시간의 흐름에 따라 다양한 정체성을 오가기도 하고, 스펙트럼 밖에 존재하기도 합니다.

젠더 gender

'성性'이라는 개념은 성별sex과 젠더gender, 성적 욕망sexuality으로 구성되어 있습니다. '성별'이 보통 남성 또는 여성, 간성과 같이 생물학적인 성을 가리킨다면, '젠더'는 우리가 살아가는 동안 심리적, 행동적, 사회적, 문화적인 영향을 받으며 구성되는 성을 의미합니다. 성별에 따라 요구되는 특성이나 받게 되는 영향과 연관되어 있지요. 성별과 젠더는 구분되어 있는 개념 같지만 서로 영향을 주고받으며 연결되어 있습니다.

성별 정체성 gender identity

성 정체성 또는 성별 정체성은 스스로 인식하는 자신의 성별, 즉 젠더를 의미합니다. 태어날 때 의료 기관에 의해 지정된 성별(지정 성별)이 아닌 스스로 인식하는 성이지요. 여기에는 자신의 신체에 대한 감각과 복장, 언어, 태도 등을 통해 드러나는 젠더의 표현이 포함됩니다. 성별 정체성은 자신의 성별(젠더)에 대해 깊이 느끼는 내적인 경험으로 지정 성별과 일치할 수도, 다를 수도 있습니다. 성별 정체성이 지정 성별과 다른 경우 트랜스젠더transgender, 일치하는 경우 시스젠더cisgender라고 부릅니다. 이외에도 젠더를 성별 이분법적으로 정의하지 않는 논바이너리non-binary, 젠더퀴어genderqueer, 어떠한 젠더로도 정의하지 않는 에이젠더agender 등 다양한 성별 정체성이 존재합니다.

성적 지향 sexual orientation

어떤 젠더에게 성적으로 끌리는지를 표현하는 방식입니다. 성적 지향은 스킨십(성적인 행위 또는 행동)과 연관되어 있으며, 어떠한 젠더에게 성적으로 끌린다고 해서 그 젠더를 가진 모든 사람과 스킨십을 하고 싶은 것은 아닙니다. 오랜 시간 성적 지향은 성적으로 끌리는 젠더와 정서적(로맨틱)으로 끌리는 젠더를 구분하지 않고, 둘 다를 포함하는 개념이었습니다. 최근에는 성적 지향과 로맨틱 지향이 일치하지 않을 수 있음을 인식하고 두 개념을 분리해서 사용하고 있습니다. 내 젠더와 같은 젠더에게 성적으로 끌린다면 동성애자, 다른 젠더에게 성적으로 끌린다면 이성애자, 어떤 젠더에도 성적 끌림을 느끼지 않는다면 무성애자라고 합니다. 같은 젠더에게 끌리는 여성을 레즈비언, 같은 젠더에게 끌리는 남성을 게이라고 부르고요. 이외에도 성적 끌림을 느끼는 데 젠더가 상관없는 범성애자, 나와 같은 젠더의 사람과 다른 젠더의 사람 모두에게 끌림을 느끼는 양성애자를 비롯하여 다양한 성적 지향이 존재합니다.

로맨틱 지향 romantic orientation

어떤 젠더에게 정서적으로 끌리는지를 뜻합니다. 사람에 따라 성적 지향과 로맨틱 지향이 같게 느껴질 수도, 다르게 느껴질 수도 있습니다. 예를 들면 어떤 젠더와는 정서적인 유대감을 쌓고 싶지만 스킨십은 원하지 않을 수도 있습니다. 성적인 행위, 로맨틱한 행위가 어떤 것인지는 사람에 따라 다릅니다. 누군가에게는 포옹과 손잡기, 뽀뽀 등이 정서적인romantic 행위일 수 있지만, 다른 누군가에게는 성적인sexual 행위일 수 있기 때문입니다. 이것은 각자의 상황이나 상태, 상대에 따라 변하기도 합니다.

정체화 identification

성적 지향, 성별 정체성 등을 스스로 인식하는 상태 또는 그 과정을 표현하는 말입니다. 타고났든 살아가며 변화하든 개인의 성적 지향이나 성별 정체성은 자기 자신만이 판단하고 결정할 수 있습니다. 시스젠더나 이성애자에게 정체화 과정이나 내용, 이유를 묻지 않는 것처럼, 퀴어의 정체화에 대해서도 특별한 이유를 찾지 않는 태도가 중요합니다. 스스로 정체화한 정체성을 다시 탐색하는 (재)정체화 과정 또한 오롯이 본인의 선택이며, 타인이 이를 강제로 바꾸거나 막으려 하는 것은 폭력이며 인권 침해입니다.

젠더 디스포리아 gender dysphoria

성별 위화감 또는 성별 불일치감이라고 표현하기도 합니다. 지정 성별과 성별 정체성이 일치하지 않을 때 당사자가 겪는 불쾌감 또는 위화감으로 생기는 몸의 감각과 고통을 뜻합니다.

커밍아웃 coming-out

자신의 성적 지향 또는 성별 정체성을 다른 누군가에게 알리는 일입니다. 주변에 알리지 않았던 정체성을 밖으로 드러낸다는 뜻인 '벽장에서 나온다coming out of the closet'라는 말에서 유래했습니다. 개인이 자신의 상황과 위치, 상태에 따라 선택하는 것이기 때문에 언제나 당사자의 의사가 가장 중요합니다.

아우팅 outing

타인이 퀴어 당사자의 동의 없이 성적 지향이나 성별 정체성 등을 공개하는 것을 뜻합니다. 누군가 나에게 커밍아웃을 했다고 해서 이를 주변 모두에게 알려도 된다는 뜻은 아닙니다. 청소년이라는 이유로 커밍아웃한 정체성이 양육자나 교사 등에게 동의 없이 공개, 공유되는 것은 명백한 아우팅입니다.

앨라이 ally

'협력자, 지지하다'라는 뜻의 영어 단어로, 퀴어를 지지하고 그들과 연대하는 사람을 뜻합니다. 퀴어이든 퀴어가 아니든, 퀴어 또는 나와 다른 정체성을 가진 당사자와 함께 혐오와 차별에 맞서는 사람이라면 누구나 앨라이가 될 수 있습니다.

* 청소년 성소수자 지원센터 '띵동'에서 발간한 『학교에서 무지개길 함께 걷기 가이드북』(2025년 개정판), 전혜은의 『퀴어 이론 산책하기』(도서출판 여이연, 2021) 1, 2장의 내용을 참고하여 작성했습니다.

일러두기

이 책은 퀴어 청소년 당사자 모임 '짱똘'의 구성원들이 함께 썼습니다. 한글 맞춤법에 맞는 표기는 '짱돌'이나, 모임의 고유한 이름인 만큼 이 책에서는 비규범 표기인 '짱똘'을 사용했습니다.

3부 우리가 상상하는 퀴어한 학교

나의 색깔을 찾아서

논바이너리, 벽장 밖으로 나가다

'퀴어'라는 새로운 세상

나의 기나긴 이야기는 한 친구의 커밍아웃으로부터 시작된다. 바야흐로 2016년, 초등학교를 졸업하고 집에서 멀리 떨어진 깊은 산골의 기숙형 대안학교에 입학했다. 그동안 살아왔던 환경과는 전혀 다른 곳이었다. 이전까지는 큰 도시는 아니지만 그렇다고 깊은 산골이라고는 할 수 없는 작은 도시에서 일반 초등학교를 다녔다. 학교에 가면 비슷한 동네에 사는 친구들이 있었고, 학교와 학원이 끝나고 집에 가면 가족들과 저녁을 먹었다. 그런데 이 새로운 학교는 전국 곳곳에서 모인 100명 남짓의 학생들이 기숙사에서 생활했다. 모두가 나와 전혀 다른 환경에서 자라 온 사람들이었다.

기숙사의 첫인상은 마치 정글 같았다. 기숙사에 들어선 순간 처음으로 본 것은 낯선 사람들이 소리를 지르며 뛰어다니는 모습이었다. 몇 달이 지나자 나도 함께 뛰어다니게 되었지만, 첫날은 그 모습이 참 무서웠다. 작은 방에는 네 명, 큰 방에는 여섯 명까지도 함께 생활했다. 선후배, 친구들과 매일 함께 생활하며 떠들고, 청소하고, 간식을 나눠 먹고, 잠들고, 깨어나고, 학교에 갔다.

학교와 기숙사는 말 그대로 작은 사회였다. 모든 일상, 울고 웃는 모든 일이 그 안에서 일어났다. 자연스럽게 친구들과는 가족 같은 사이가 됐다. 죽도록 싸우고, 또 금방 화해하면서 결국 서로에게 가장 의지했다. 친구들과는 정말 별의별 이야기를 다 했다. 고민, 걱정, 무엇을 좋아하고 싫어하는지, 어제 무슨 일이 있었고 오늘 아침에는 무슨 일이 있었는지. 당연히 연애 이야기도 빼놓을 수 없었다. 누군가에게 로맨스가 생기면 옆에서 이렇게 해 봐라, 저렇게 해 봐라 한마디씩 거들곤 했다. 누군가가 연애를 하고, 금방 헤어지고, 또 다른 누군가가 연애를 시작했다.

하루는 친구가 할 얘기가 있다며 나를 불러냈다. 기숙사에는 천장이 뚫려 있는 '별 보는 방'이 있었다. 줄여서 '별방'이라 불렀다. 다른 방들과 동떨어져 있고, 약간의 빛만 들어오는 어두운 곳이었기에 깊은 이야기를 하기에 이만한 장소가 없었다. 별방에서 그 친구를 만났다. 친구는 나에게 자신은 동성을 좋아한다며 그동안 우리가 이성애를 당연하게 여기며 대화를 해서 때때로 공감하기 어려웠다고 이야기했다. 나는 놀랐지만 아무렇지 않은 듯 "그렇구나" 하고 대답했다. 그 친구의 연애사를 들으며 이런저런 질문과 대화가 이어졌다. 어떤 이야기가 오갔는지 자세히 기억나지는 않지만 어떻게든 아무렇지 않은 척, 별로 놀라운 일도 아니라는 듯 대화하려고 노력했던 기억이 난다.

내가 경험한 첫 커밍아웃이었다. 나는 그동안 동성애자들은 이상하고 나와는 거리가 먼 사람들이라고 생각했다. 동성애자를 상상하면 형형색색의 머리와 피어싱, 각종 문신을 한 사람들이 떠올랐다. 지금의 나는 그런 이미지의 퀴어들을 사랑하는 멋진 어른이 되었지만 그때는 그렇게 꾸민 사람들은 무섭고 이상한 사람들이라 생각하곤 했다. 그런 '이상한' 사람이 내 주변에 있을 거라고는 상상도 해 본 적이 없고, 더군다나 그게 내 친구일 거라고는 꿈에도 생각지 못했다.

그런데, 내 친구가 동성애자라면 다른 동성애자들도 그리 이상하거나 유별난 사람들은 아닐 것 같았다. 내 친구는 별다를 것 없는, 나와 너무나 비슷한 사람이었다. 이 생각은 '그렇다면 나도 동성을 좋아할 수도 있지 않을까?' 하는 생각으로 이어졌다. 당시 좋아하는 언니가 있었지만 그냥 멋진 사람을 존경하는 마음이라고 생각했다. 그런데 어쩌면, 여자를 좋아할 수도 있다는 가능성 자체를 아예 떠올리지 못했던 것일지도 몰랐다. 반대로 남자들에게는 강한 끌림을 느끼지 않더라도 약간의 호기심이라도 생기면 내가 그 사람을 좋아하는 거라고 쉽게 생각해 버리곤 했다. 그동안 이성애를 당연하게 생각해 왔던 것이 어색하게 느껴지기 시작했다. 그리고 퀴어에 대해 잘 모르는 나 자신이 부끄러웠다. 일찌감치 남들과 다른 자신의 정체성을 찾고, 그걸 나에게 이야기해 줄 수 있는 친구가 멋있어 보였다.

곧장 퀴어에 대해 공부하기 시작했다. 어디서부터 시작해야 할지 몰라 온갖 검색 사이트에서 동성애, 퀴어, 성소수자 따위를 검색하고, 학교 도서관에 있던 퀴어 관련 책을 모두 읽었다. '모두'라고 해 봤자 다섯 권이 채 되지 않았으니 그리 어려운 일은 아니었다. 그 책들과 인터넷에는 그동안 몰랐던 엄청난 세계가 기다리고 있었다. 알고 보니 세상에는 이성애자, 동

　　　　　　　　　　　　1부 나의 색깔을 찾아서

성애자만 있는 게 아니라 엄청나게 많은 종류의 성 정체성이 있었다. 트랜스젠더에 대해서도 처음 알게 되었다. 이성애자나 시스젠더라는 틀에서 벗어나 자신을 가장 잘 표현할 수 있는 정체성을 탐구하는 사람들이 자유롭고 행복해 보였다. 자신의 정체성을 다양한 방식으로 표현하는 것도, 그 표현 방식에 어떠한 암묵적인 규칙도 없다는 것도, 그 방식이 어떻든 그것을 지지하고 사랑하는 모습도 좋아 보였다. 알면 알수록 더 멋진 세계를 발견하는 것 같았다. 퀴어에 대해 공부하는 게 점점 재미있어졌다. 나의 정체성을 다양한 방면으로 고민하고, 나에게 딱 맞는 이름을 찾아가는 일은 말로 표현하기 어려운 해방감과 희열을 가져다주었다. 밤새 검색하고 공부하며 한동안은 여기에 푹 빠져 있었다.

그렇게 공부하던 중 '논바이너리non-binary'라는 단어를 만났다. 남성 또는 여성이라는 성별 이분법에 국한되지 않는, 젠더 스펙트럼의 중간에 있거나 그 바깥에 있는 사람들을 일컫는 말이었다. 누군가 자신을 논바이너리로 정체화한 과정에 대해 이야기하는 영상을 우연히 보게 되었다. 그 영상에서 어떤 이야기를 했는지는 전혀 기억나지 않지만, 영상을 본 순간 '아, 이거구나!' 하는 느낌이 들었던 것은 확실히 기억한다. 그 사람이 겪고 느꼈던 것들이 나의 경험과 똑같았다.

좀 더 공부하며 알게 된 것은 여성-남성을 하나의 스펙트럼으로 보았을 때 그 중간 어딘가에 있다고 느끼는 사람도, 아예 스펙트럼 바깥에 있다고 느끼는 사람도, 양쪽 모두에 있거나 상황에 따라서 바뀌는 사람도 있다는 사실이었다. 이런 성별 정체성을 자세히 설명하는 다양한 단어들도 있었다. 나는 스펙트럼 바깥에 있다는 느낌에 가까웠다. 그냥 그 멀리 어딘가, 아무것도 없는 상태에서 편안함을 느꼈다. 논바이너리는 이런 다양한 성별 정체성을 아우르기도 하지만, 다양한 젠더를 포괄한다는 점에서 나를 가장 잘 표현하는 단어라고 생각했다. 그때부터 나를 논바이너리라 소개하기로 했다.

어떤 사람에게 끌리는지에 대해서는 나에게 딱 맞는 단어를 찾지 못했다. 아니, 애초에 경험치가 부족해서인지 나의 지향성을 확신하기 어려웠다. 남자를 좋아해 본 적도, 여자를 좋아해 본 적도 있지만 그게 나의 정체성을 정해 줄 수는 없을 것 같았다. 게다가 논바이너리라 정체화한 이상, 여자가 여자를 좋아한다는 뜻의 '레즈비언' 또는 두 가지 성별을 좋아한다는 뜻의 '양성애자, 바이섹슈얼' 같은 단어를 나에게 붙이기는 어색했다. 물론 논바이너리 정체성을 가지고 있으면서도 자신을 레즈비언이나 양성애자라 소개하는 사람들도 있다. 그 사람들이 틀렸다는 것은 아니지만, 나에게는 이런 단어들이 조금 어

1부 나의 색깔을 찾아서

색하게 느껴졌다. 성별에 관계없이 그 사람 자체를 좋아한다는 의미의 범성애자라는 단어가 그나마 나에게 가깝게 느껴져 그냥 범성애자라는 말을 사용하기로 했다. 처음 정체성을 고민하던 그때로부터 시간이 많이 흐른 지금은 나의 지향성을 굳이 규정하지 않는다. 나에게 맞는 단어를 찾을 수 없었을 뿐만 아니라, 언제든 변화할 수 있는 복잡한 정체성을 하나의 단어로 설명하고 싶지 않기 때문이다.

자유로운 학교의 자유롭지 않은 생각들

처음 입학했을 때 학교는 너무나 자유로워 보였다. 모두가 마음껏 자신의 의견을 이야기하고 토론할 수 있는 곳 같았다. 그런데 퀴어로서 학교를 바라보니 모든 것이 이상해 보였다. 당연하다는 듯 퀴어의 존재가 지워지고 있었다. 아니, 어쩌면 존재한다는 것 자체를 상상하지 못하는 걸까? 그동안은 알아채지 못했던 편견과 차별이 보이기 시작했다. 나는 분명히 이곳에 존재하는데, 아무도 나의 진짜 모습을 보지 못하고 있었다. 기숙사, 화장실 같은 시설은 여자와 남자로 나뉘어 있었고, 각종 설문과 서류에도 남자 혹은 여자로 성별을 표시해야 했다. 그게 너무나 당연했고, 그 누구도 이상하다는 생각을 하지 못했다. 친구들과 하는 대화가 불편하게 느껴졌다. 친구들은 내가 당연히 이성애자라 전제하고 이야기를 했다. 내가 직접 말하지 않는 이상 모두 나를 이성애자, 시스젠더 여성이라 생각했다. 아닐 거라고는 전혀 예상하지 못했다. 모두를 속이고 있는 기분이었다. 자연스럽게 대화하기 위해서는 '여자'인 척, 이성애자인 척 굴어야 했다. 의도적으로 속이는 건 아니었지만 어쩐지 커다란 무언가를 꼭꼭 숨기고 있는 느낌이었다.

퀴어라면 누구나 커밍아웃에 대해 고민할 것이다. 친구들에게, 가족에게, 심지어 미용실에서도 말이다. "굳이 말 안 해도 되지 않나"라고 말하는 사람도 있지만 그건 정말 몰라서 하는 소리다. 나의 사소하다면 사소하고, 크다면 큰 일부를 매번 숨기는 것이 얼마나 피곤하고 지치는 일인지. 그게 얼마나 자존감과 자신감을 갉아먹는 일인지. 게다가 연애와 젠더는 우리의 삶에서 너무나 많은 부분을 차지하고 있어서 그걸 숨기고는 도무지 재미있는 대화를 나눌 수가 없다. 그래서 친한 친구들에게는 사실을 이야기하지 않을 수 없었다. 내 일상의 거의 대부분을 함께하는 친구들 앞에서 나의 중요한 일부를 숨기고 싶지 않았다.

어찌 보면 그게 내 인생 첫 커밍아웃이었을지도 모르겠다. 기숙사 공부방에서였던가, 학교 어딘가에서였던가. 나는 여자도 좋아한다고, 범성애자인 것 같다고 가볍게 이야기했다. 내가 좋아하는 사람이 누구인지 아는 가까운 친구들이었기에 별다른 소란 없이 자연스럽게 넘어갔다. 나의 정체성을 알고 있는 친구들과 이야기할 때는 훨씬 편안했다. 연애 같은 특정 주제가 나왔을 때 자연스레 넘어갈지 커밍아웃해 버려야 할지 고민하지 않아도 됐다. 여전히 이성애 중심적인 대화를 했지만 나까지 이성애자인 척할 필요는 없었다. 사소한 차이였지만 그 사소함이 너무나 큰 변화를 만들었다. 하지만 논바이너리 정체성에 대해 이야기하는 것은 아직 어려웠다. 남자와 여자가 아닌 다른 젠더가 존재할 거라는 전제 자체가 없는 사람들에게 처음부터 하나씩 설명해야 한다는 것이 부담스러웠기 때문이다.

그러던 어느 날 또 다른 지인과 함께 시간을 보내던 중에 그가 본인이 트랜스젠더라고 커밍아웃을 했다. 나도 이미 퀴어라고 정체화한 후였지만 너무 당황한 나머지 아무 말도 못 하고 그저 "아…… 진짜?"라는 말만 거듭하고 말았다. 그날 집으로 돌아오는 버스 안에서 많은 생각을 했다. 내 주변에도, 우리 학교에도 생각보다 많은 퀴어들이 살고 있지 않을까? 그런데 어떻게 다들 자기 주변에는 퀴어가 전혀 없는 것처럼 생활하고 있을까? 그 많은 퀴어들은 어떻게 정체성을 숨긴 채 살아가고 있는 걸까? 그 버스 안에서 공개적으로 커밍아웃해야겠다는 결심을 했다. 적어도 내가 이 안에서 함께 살아가고 있다는 것 정도는 알려 주고 싶었다. 내가 해야 하고, 할 수 있는 일이라는 걸 직감적으로 알았다.

커밍아웃을 결심하고 곧바로 생각나는 날짜가 있었다. 학교 교육 과정 중 매주 월요일 1교시는 '주를 여는 시간'이었다. 우리는 줄여서 '주여'라고 불렀다. 말 그대로 한 주를 여는 시간으로 매주 서너 명의 학생이 자신에 대해 발표를 했다. 옛날 사진들, 좋아하는 연예인, 취미 등 자기 자신에 대한 거라면 뭐든 발표할 수 있었다. 모두가 돌아가며 한 학기에 한 번은 꼭 발표를 해야 했기에 나에게 할당된 시간도 있었다. 앞으로 한 달 남짓의 시간이 남아 있었다. 시기도 완벽했다.

날짜도 정해졌겠다, 본격적으로 커밍아웃을 준비하기 시작했다. 친구들과 몇몇 선배들에게 논바이너리 정체성에 대해 설명하며 '주여'에서 커밍아웃할 거라는 이야기를 했다. 정말 고맙게도 다들 나를 지지하고 응원해 주었다. 안 좋은 반응을 보인 사람이 한 명도 없었다. 한번은 교사 유랑을 찾아갔다. 그때는 유랑이 퀴어라는 것을 몰랐지만, 이전에 퀴어 수업을 진행했었기에 교사들 중에서는 인증된 앨라이임이 틀림없었다. 그맘때쯤 교사회가 엄청나게 바빴던 기억이 난다. 바쁜 와중에 교무실에 찾아가 커밍아웃할 계획이라고 말하며 도움을 요청했다. 유랑은 이런저런 조언과 지지의 말을 해 주었다. 교사의 지지는 친구들에게서 받는 지지와는 또 다른 종류의 용기가 되었다.

짱똘의 탄생

'주여' 시간에 할 커밍아웃을 준비하던 중, 또 하나의 중요한 사건이 일어난다. 바로 '짱똘'이 탄생한 것이다! 커밍아웃을 앞두고 다양한 사람들과 대화를 나누었다. 조언과 용기를 얻기 위해서였다. 그때 대화를 나누었던 친구와 선후배 중 한 명이 자기가 아는 퀴어들이 좀 있다며, 원한다면 나와 그들을 연결해 주겠다고 했다. '아는 퀴어가 좀 있는' 사람이 학교에 있으리라고는 짐작도 못 했던 나는 그것을 커다란 기회라고 생각했다.

첫 만남은 학교 도서관에서였다. 학생 수가 적은 학교이다 보니 웬만한 학생들과는 다 아는 사이였기에 더 긴장이 되었다. 정말 이 중에 퀴어가 또 있다고? 그런 마음으로 만난 두 사람은 익숙한 얼굴의 선배들이었다. 매우 어색한 인사를 하고, 자리를 옮겨 이런저런 이야기를 나누었다. 우리 모두 이 상황을 신기해하고 있었다. 평소에는 깊은 대화를 나눌 기회가 없던 사람들인데, 퀴어라는 정체성 하나만으로 수많은 공감대가 생겼다. 우리는 비슷한 경험을 했고, 비슷한 감정을 느끼고 있었다.

그날의 짧은 대화만으로도 '퀴어 당사자 모임'이 필요하다는 사실이 명확해졌다. 우리 모두 이렇게 편안하게 퀴어 정체성에 대한 이야기를 나누는 경험은 처음이었다. 구구절절 설명하지 않아도 그 상황을 완벽히 이해하고 공감하는 사람들과 대화하는 건 즐거운 일이었다. 곧바로 우리는 앞으로 할 일들을 떠올려 보았다. 퀴어 밴드를 결성하자, 학교 축제에서 부스를 운영해 보자, 학교 밖으로 나가서 맛있는 것을 먹자 등등. 다양한 아이디어가 나왔고, 그 과정에서 자연스럽게 모임의 이름을 정했다. "짱똘 어때? 보잘것없어 보이지만 단단한 돌이잖아. 투박하기도 하고. 그 짱똘을 학교에 계속 던져 보겠다는 의미로"라는 의견에 만장일치로 이름을 정했다. 그렇게 퀴어 당사자 모임 '짱똘'이 탄생했다.

곧이어, 그동안 서로 연결될 기회를 찾지 못했을 퀴어들을 모으기 위해 모임이 결성되었다는 사실을 주변에 알렸다. 누구나 편하게 가입 신청을 할 수 있도록 오픈 채팅방도 만들었다. 가입 조건은 단 한 가지였다. 퀴어 당사자일 것!

　　　　　　　　　　　　　　　1부 나의 색깔을 찾아서

커밍아웃을 하기 전에 짱똘에서 다른 퀴어 당사자를 만난 일은 내게 큰 힘이 되었다. 솔직히 겁이 나지 않았다면 거짓말이다. 만약 나를 혐오하는 사람들이 너무 많다면, 교사들이 나의 커밍아웃을 받아들이지 못한다면, 누군가 나를 괴롭히려고 한다면 어떻게 해야 할지 극단적인 경우까지 상상할 수밖에 없었다. 그러나 적어도 내 옆에는 나를 지지하는 친구들과 짱똘이 있다는 생각에 용기를 낼 수 있었다.

전교생 앞에서 한 커밍아웃

시간이 흘러 커밍아웃 당일이 다가왔다. 전날 밤, 기숙사 공부방에서 친구들과 함께 앉아 수다를 떨며 발표에서 쓸 자료를 만들던 기억이 생생하다. 바로 전날 밤인데도 현실감이 하나도 없었다. 진짜 그날이 오다니. 밤늦게까지 걱정하고 준비하느라 잠도 제대로 못 잤다. 그렇게 시간은 흐르고, '주여' 시간이 되었다. 친구들과 함께 앉아 떨리는 심장을 부여잡고 발표 순서를 기다렸다. 마침내 내 차례가 왔다. 강당 무대에 올라가 자료를 띄우고 준비한 발표를 시작했다.

"저는 오늘 커밍아웃을 하려고 합니다"라고 첫마디를 시작했다. 나를 논바이너리, 범성애자라고 소개하고 그 말이 무슨 뜻인지 설명했다. 어떻게 정체화를 하게 되었는지, 왜 이 자리에서 커밍아웃을 하고자 했는지에 대해서도 이야기했다. 발표를 시작하자마자 온 강당이 조용해졌다. 모두가 나에게 완전히 집중하고 있었다. 보통은 딴짓을 하는 사람들이 있기 마련이기에 고요한 분위기가 낯설고 어색했다. 발표를 마치자 한동안 긴 박수가 이어졌다. 해냈다는 안도감과 강당 가득 울리던 박수 소리가 아직도 기억난다. 벅차고 감동적인 순간이었다. '주여'가 끝난 후 몇몇 학생들이 나에게 멋있었다고, 덕분에 퀴어에 대해 알게 되었다고 말해 주었다. 저녁에는 담임 선생님이 준비한 케이크로 같은 학년 친구들과 커밍아웃을 축하하는 자리를 가졌다.

나의 커밍아웃 이후 학교는 변화하기 시작했다. 무엇보다 학교 구성원들이 우리 학교에도 퀴어가 존재한다는 사실을 알게 되었다는 것이 가장 큰 변화였다. 그동안은 성별 이분법에서 벗어난 사람이 있을 거라고는 상상도 못 했던 사람들이 이제는 '남녀'로만 구분하던 문화에 변화가 필요하다고 생각했다. 몇몇 학생들은 퀴어에 대해 공부하기 시작했다. 동아리나 학생회에서 돌리던 설문에서 성별 선택 칸이 빠지거나 제3의 선택지가 생겨났다. 편의를 위해 성별을 구분하던 것도 조심하는 분위기가 만들어졌다. 적어도 내 앞에서는 이성애가 당

   1부 나의 색깔을 찾아서

연한 것이 아님을, 다양한 정체성을 가진 존재들이 있음을 인식한 채 대화하려 노력하는 사람들이 보였다. 용기 내어 드러낸 나의 존재가 나뿐만 아니라, 학교에 존재하는 모든 퀴어들에게 좋은 변화로 이어지고 있다는 생각에 무척이나 뿌듯했다. 학교의 변화는 내 눈에도 보일 만큼 빨랐다.

그러나 이러한 변화에 좋은 점만 있는 것은 아니었다. 변화의 시발점이 나의 커밍아웃이었기 때문에 마치 내가 학교의 퀴어들을 대표하는 사람이 된 것 같았다. 겉으로 보이는 퀴어 당사자가 나뿐이었기에 퀴어 친화적인 학교가 되기 위한 모든 고민이 나를 거쳐 갔다. "이런 경우는 어떻게 생각해?", "이런 것도 불편해?"와 같은 질문이 이어졌다. 다양한 상황에 대한 나의 경험과 의견을 나누는 것은 의미 있고 필요한 일이었지만, 나의 대답이 곧 정답인 것처럼 여기는 상황은 큰 부담이 되었다. 그 많은 질문에 내가 명확하고 설득력 있는 결정을 내려 줘야 할 것 같은 압박감에 힘이 들었다.

당사자라고 해서 다른 모든 편견이나 특권에서 자유로운 것은 아니라 충분히 사려 깊은 의견을 제시하지 못할 때도 있었는데, 그럴 때마다 내 공부가 부족해서 그렇다고 스스로를 탓하게 되었다. 나는 퀴어와 소수자들의 모든 권리에 대해 완벽하게 알고 있어야 한다고, 절대로 다른 누군가를 차별해서는 안 된다고 생각했다. 내가 하는 말과 행동이 퀴어를 대표하는 것처럼 보일까 봐 걱정이 되기도 했다. 무언가 실수를 하면 '퀴어들은 다 그렇구나' 하고 생각할까 봐 무서웠다. 내가 무언가를 요구하고 바꾸려 할 때면 사람들은 나를 '원래 불편한 게 많은 사람', '예민한 사람'으로 보는 것 같았다. 나 역시도 큰 용기를 냈던 것인데 원래 예민한 사람이라고 여겨지니 억울하기도 했다. 나의 존재를 드러냈다는 이유만으로 내가 모든 것을 책임져야 하는 것은 아니라는 사실은 몇 년이 지나서야 알게 되었다.

더 많은 퀴어들이 벽장 밖으로 나오려면

짱똘 멤버들과 이야기를 나눌 때면 "우리의 존재 자체가 투쟁"이라는 말이 자주 나온다. 존재한다는 이유만으로 끊임없이 부딪치고 싸워야 하기 때문이다. 2017년의 커밍아웃은 퀴어로 살아가는 내 인생의 서막이었다. 존재 자체로 투쟁을 시작하겠다는 선언이자, 나를 있는 그대로 사랑하겠다는 다짐이기도 했다. 그때의 다짐을 후회한 적은 한 번도 없다. 다시 그때로 돌아간다 해도 나는 똑같이 나의 존재를 외칠 것이다. 그만큼 가치 있는 변화를 만들어 냈기 때문이다. 퀴어를 낯설어

　　　　　　　　　1부　나의 색깔을 찾아서

하던 학교 구성원들이 퀴어가 곁에 있음을 인식하게 된 것은 커다란 변화의 시작이었다.

가끔은 나의 커밍아웃이 조금 덜 힘든 일이었다면 얼마나 좋았을까, 이 책에 속상하고 힘들었던 일보다 더 나은 세상을 기대하는 희망찬 말들이 더 많았다면 어땠을까 하고 생각한다. 좋은 커밍아웃을 위해서는 무엇이 더 필요했을까. 그때의 나에게는, 또 학교에는 무엇이 부족했을까. 내가 커밍아웃하지 않았더라도 그 공간 안의 누군가 퀴어일 수 있음을 인식하고 존중하는 문화가 있었다면 좋았을 것이다. 나의 존재를 드러내지 않고도 성 중립 화장실을 사용할 수 있었다면, 성별을 특정하는 호칭이나 언어를 사용하거나 당연하다는 듯 "좋아하는 남자(여자) 있어?"라고 물어보는 문화가 없었다면 좋았을 것이다. 그랬다면 커밍아웃을 할 때 나의 안전을 걱정하지 않아도 되었을 테니 말이다.

아마 모든 공동체에 퀴어 친화적인 문화가 자리 잡는 것은 불가능할 것이다. 자신이 만나 본 적 없는 존재를 미리 상상하고 배려하는 것은 어려운 일이기 때문이다. 그렇기에 나를 포함한 퀴어들이 용기를 내어 커밍아웃했을 때, 그때라도 함께 고민하고 공부하려는 마음을 보여 주면 좋겠다. 퀴어 정체성을 드러내는 이들을 '그 사람들'이라며 타자화하는 것이 아

니라, 함께 살아가는 공동체의 구성원으로 생각해 주면 좋겠
다. 언젠가는 커밍아웃이 필요 없어지는, 그 말 자체가 사라지
는 날이 오기를 꿈꾼다. 모든 퀴어들이 벽장 안으로 숨지 않고,
퀴어 정체성을 긍정하며 당당하게 드러낼 수 있기를 바란다.

'정체성을 고민하는 나'도 하나의 정체성

네가 아직 사랑을 해 본 적이 없어서 그래

산골짜기에 고립되어 있는 기숙형 6년제에, 편입 제도도 없어서 같은 얼굴을 6년이나 보고 지내야 하는 학교를 다닌다는 건 어떤 일일까? 바로 전교생의 연애 사정을 서로가 속속들이 알게 된다는 뜻이다. 학교에는 늘 커플이 있었다. 철이 되면 커플이 우르르 생겼다가 철이 지나면 밤 떨어지듯 우수수 헤어졌다. 내가 누굴 좋아하는지 룸메이트가 물어보고, 친구들이 물어보고, 교사들이 물어보고, 양육자들이 물어봤다. 연애하는 사람은 부러움의 대상이었고, 누구나 짝사랑 상대 한 명쯤 가지고 있는 것이 당연하게 여겨졌다.

이런 학교에서 몇 년 지내다 보니 나도 슬슬 연애에 관심을 가져야 하나 싶었다. 우리 학교에서 연애란 귀중하고 값진 배움의 기회처럼 이야기되곤 했다. 그래서 마치 연애를 하지 않으면 손해를 보는 것처럼 느껴졌다. 좋아하는 사람이 없는 나는 문제가 있는 사람인 것만 같았다. 왜 생기지 않지? 이런 고민을 다른 사람에게 털어놓을 때면 종종 나오는 단어들이 있었다.

"나는 무성애자인 걸까?"

"아니면 동성애자인 거 아냐?"

"정말로 그럴지도 몰라."

연애 감정이 생기지 않는다는 고민의 결론이 왜 동성애자가 되는지 의문을 가지는 사람도 없었고, 뚜렷한 결론이 나오지도 않았다. 자신을 무성애자나 동성애자라고 말하는 사람이 없었기 때문이다. 아무도 깊게 탐구한 적 없고, 자기 자신 혹은 주변 사람을 가리키는 말이라고는 생각해 본 적 없는 낯선 단어였다. 추측은 더 깊어지지 못하고, 흘러가는 농담처럼 가볍게 지나갔다. 내가 무성애자인지, 동성애자인지, 혹은 아직 사랑을 찾지 못한 것일 뿐인지 판단해 줄 사람은 없었다.

나는 성애적 호감과 친밀감을 구분하는 게 어려웠다. 어떤 사람에게 특별한 호감이 생기더라도 애틋한 친구가 되고 싶은 건지, 친구 같은 연인이 되고 싶은 건지 확신이 서지 않았다. 연애 경험이 부족해서일까? '아직 덜 자라서' 그런 것일까? 더 어렸을 때의 나는 당당하게 누구를 좋아한다고 말하고 다니는 사랑꾼이었다. 유치원에 다닐 때는 좋아하는 애를 늘 쫓아다녔다. 초등학생 때도 좋아하는 애가 있느냐고 물어보면 늘 즉답이 나왔다. 상대 앞에서 숨길 생각도 안 했던 것 같다. 그때는 무슨 자신감이었을까? 어떻게 사랑이라 확신할 수 있었을까?

그 시절 내게 사랑을 가르쳐 준 건 TV 드라마였다. 드라마의 중심 이야기는 당연히 남자와 여자의 사랑이었지만, 그 이야기 속에는 서로 사랑하는 남녀 주인공보다 더 가깝고 친밀해 때론 애틋하기까지 한 동성 친구들이 자주 등장했다. 그 수많은 관계들 중에서 '사랑'이라는 이름표가 붙는 건 오로지 여자와 남자 주인공뿐이었다. 드라마가 알려 준 '사랑'과 '사랑이 아닌 감정'을 구분하는 확실한 방법은 바로 '성별'이었다. 드라마를 보며 내가 내린 결론은 '아하, 이성을 좋아하면 사랑이고 동성을 좋아하면 우정이구나! 사랑과 우정은 동일한 감정인데 이름만 다른 것이구나!'였다.

초등학교를 졸업하고 사랑과 우정이 다른 감정임을 알게

되었지만, 내 안에서 이미 오랫동안 동일시해 왔던 두 감정을 제대로 구분하기는 어려웠다. 연애에 관심이 있었던 것도 아니고, 급하게 생각할 이유가 없었기 때문에 시간이 지나면 알게 되겠지 막연히 생각하고 넘어갔다. 그러나 연애 찬양이 흘러넘치는 학교에 다니면서 나도 어서 연애 시장에 뛰어들어야 하는 게 아닐까 조바심이 생겼다. 사랑이 무엇인지, 왜 나는 다른 감정과 구분할 수 없는지 여러 친구들과 상담을 했다. 그때마다 나오는 결론은 '결국 사랑은 해 봐야 안다'였다.

그래서 나는 사랑을 배우기 위해 연애 감정을 품을 수 있을지 모를 대상을 물색했다. 사소한 호감까지 전부 사랑일까 의심했다. 이성과 동성 모두를 짝사랑해 보았고, 연애도 해 봤다. 하지만 여전히 사랑과 우정을 구분하기는 어려웠다. 구속하는 관계를 싫어하고 설렘보다는 친밀감을 중요시하는 나에게 사람들은 자꾸만 "그거 사랑 맞아?"라고 물었다. 사랑에는 정답이 없다고 말하면서도 자꾸만 연애의 표본, 사랑의 전형을 만들어 냈다. 내 감정은 마치 공인 인증 기관의 심사를 통과하지 못해 아직 사랑이라고 부를 수 없는 감정 같았다. 다른 사람들의 인정은 물론, 나 스스로도 자신이 없었다. '아직 자라는 중이라 미숙한 청소년'이니 그럴 것이라 생각하며 나조차도 내 감정을 온전치 못한 것으로 치부했다.

　　　　　　　　　　　　　　　1부 나의 색깔을 찾아서

아직 정체성을 확신할 수 없다면

나는 퀴어일지도 모른다. 아마 높은 확률로 퀴어일 것이다. 이런 애매한 상태로 학교를 다녔다. 커밍아웃은 딱히 고려하지 않았다. 아직 나도 확신을 못 하는데 만약 퀴어라고 밝혔다가 "어? 근데 넌 퀴어가 아닐 것 같은데?"라는 말을 듣게 된다면 부끄러울 것 같았다. 퀴어라고 밝혔는데 퀴어가 아닌 걸로 결론이 난다면, 내가 특별한 사람이 되고 싶은 마음에 커밍아웃을 한 것이 될까 봐 두려웠다. 또 실제로 어려움을 겪고 있는 '진짜' 퀴어들에게 실례가 될 것 같았다. 커밍아웃을 하려거든 내 정체성에 대한 확신이 먼저 있어야 한다고 생각했다.

퀴어라는 자각이 옅었던 탓일까. 학교생활을 하면서 큰 불편함을 겪지는 않았다. 애인이란 말 대신 '여친, 남친'을 쓰고 매년 이성끼리 짝을 지어 손잡고 마라톤을 하는 학교 행사에 참여해야 했지만, 그런 건 내가 아직 퀴어라는 걸 드러내지 않았기 때문에 발생하는 사소한 일일 뿐 퀴어임을 밝히기만 한다면 개선될 문제라고 생각했다. 자잘한 불편함은 아직 이 공간에 퀴어가 없기 때문에 발생하는 것이라 믿었기 때문에 나 역시도 그런 것들에 점점 무뎌져 갔다.

학교의 4학년 과정에는 약 3주에 걸친 해외 이동 학습이

있었다. 필리핀에서 현지인들과 교류하며 여행하는 프로그램
이었는데, 여정 중에 '빠끌라baklâ'라고 불리는 트랜스젠더 여
성들을 만날 기회가 있었다. 우리는 빠끌라가 어떤 사람들이
며, 우리와 다르지 않고 자유롭게 자신의 성을 표현하는 것뿐
이니 당황하지 말라는 이야기를 미리 들은 상태였다. 그러나
나름대로 마음의 준비를 했음에도 결국 그날을 마무리하는 자
리에서 '낯설다'는 말이 나왔다.

"그분들은 제가 생각하는 여자의 모습과 많이 다른 거 같
아요. 여자라면 안 할 것 같은 행동을 해요. 정말로 여자가 되고
싶은 건지 잘 모르겠어요."

아직 사회에서 규정하는 '여성상'에 의문을 제기하는 일
이 적었던 2015년의 일이라, 그때의 우리에게 빠끌라는 우리
가 익히 아는 '여성'의 모습과 많이 달랐다. 길이가 짧은 옷차
림에 머리는 투블록 스타일이고, 시종일관 요란하고 시끄러웠
다. 안 그래도 내성적이던 우리 반 학생들은 그들의 적극적인
표현을 부담스러워했다. 우리는 '여성'을 대할 준비만 했지 그
틀에서 벗어난 다양한 모습을 받아들일 준비는 부족했던 것이
다. 결국 이해하기 어렵다는 반응이 나오고 말았다.

나는 이 말에 반박하고 싶었다. 하지만 시스젠더이고, 트
랜스젠더 퀴어에 대해서는 아직 잘 모르는 내가 그들을 대변

하기는 어렵다는 생각이 들었고 마땅히 반박할 논리도 떠오르지 않았다. 반박은 못 하더라도 그런 말이 나온 이유를 납득해보려 했다. 그들의 적극적인 표현이 부담스럽다는 마음은 나도 일부 공감이 되었다. 하지만 이상하게도 마음 한구석이 욱신거렸다. 무슨 이유 때문이든 우리가 처음으로 마주하는 퀴어가 이해할 수 없는 사람이 되어 버린 게 답답하고 슬펐다. 마치 그런 모습으로 존재하려면 논리가 필요하다는 뜻 같아서 내 사랑을 증명할 논리가 없다면 나 역시도 받아들여지지 못할 수 있겠다는 생각이 들었다. 퀴어든 누구든 다 받아들여 줄 거라고 믿었던 공동체에서 어쩌면 내 정체성이 받아들여지지 않을지도 모른다는 위협을 이날 처음으로 느꼈다.

이날은 내가 학교생활에서 퀴어를 처음 마주한 날이었다. 사회의 일반적인 기준에 따라 존재를 판단하는 우리 공동체를 보면서, 나는 커밍아웃에 더 신중해질 수밖에 없었다. 누가 뭐라 해도 내가 퀴어일 수 있을 때, 제기되는 반박을 모두 물리칠 수 있을 정도로 강해졌을 때 밝혀야겠다고 생각했다. 준비되지 않은 상태로 밝혔다가는 지금처럼 무력함을 느낄지도 모른다고 생각했다.

문득 커밍아웃

2017년의 언제였는지는 정확히 기억나지 않는다. 학교의 하루 일정이 끝나고 기숙사로 가려던 참에 마침 친구 히네도 기숙사로 간다고 해서 함께 걷기로 했다. 학교에서 기숙사까지는 걸어서 15분 거리. 시시콜콜한 잡담이나 하며 걷던 중에 문득 지난번에 히네가 했던 농담이 떠올랐다. 우리가 무슨 주제로 떠들었는지, 왜 갑자기 그 생각이 난 건지는 지금에 와서는 잘 모르겠다. 그냥, 지금 커밍아웃을 하면서 말하면 그때 내가 히네의 농담에 대해 하고 싶었던 말이 좀 더 효과적으로 전달될 것 같았다.

"있잖아, 저번에 내가 혹시 너 여자 좋아하냐고 농담했었잖아. 물론 내가 먼저 농담처럼 꺼낸 말이긴 했지만 네가 그런 거 아니라고 했을 때, 그런 거라고 말하는 게 조금 상처였어. 왜냐하면 난 여자도 좋아하거든."

지금 생각해 보면 내가 먼저 농담거리로 만들어 놓고 그 농담을 맞받아쳤다고 뭐라고 하는 꼴이었지만, 히네는 깜짝 놀란 얼굴로 자기가 그랬었느냐며 사과했다. 곧바로 인정하고 사과해 주는 히네가 고마웠다. 별 생각 없이 홧김에 한 커밍아웃이었지만, 나도 가볍게 말했고 히네도 무겁게만 받아들이지

    1부 나의 색깔을 찾아서

않는 분위기가 마음에 들었다.

이전까지는 가족 외 사람들에게 커밍아웃을 한 적이 없었다. 만약 커밍아웃을 한다면 최적의 타이밍에 가볍게 해서 서로 부담을 느끼지 않으면 좋겠다고 생각했다. 나의 안전만 보장된다면 커밍아웃은 무거운 이야기가 아니다. 내가 조심히 대해야 하는 사람이 되고 싶어서 하는 것이 아니다. 괴로움을 호소하려고 꺼내는 이야기도 아니고, 누가 잘못했다고 따지려고 하는 것도 아니다. 실수는 누구나 할 수 있다. 특히 서로에 대해 잘 모르는 상태라면 더더욱 실수하기 쉽다. 중요한 것은 너와 나 사이에 실수가 생겼을 때 그 실수를 금방 인정하고 관계를 회복할 수 있는 상호 간의 신뢰라고 생각한다. 커밍아웃은 서로를 알아 가는 과정 중의 하나일 뿐이다. 그런 의미에서 나는 히네에게 했던 커밍아웃이 마음에 들었다. 많은 준비를 했던 것도 아니고 큰 변화를 기대했던 것도 아닌 갑작스러운 일이었지만, 앞으로 우리가 퀴어라는 주제에 대해 가볍게 대화할 수 있는 가능성을 발견했기 때문이다.

히네에게 가볍게 말을 꺼낼 수 있었던 건 무엇보다 내가 졸업반이었기 때문이다. 그때 내가 커밍아웃을 한 것은 마음의 준비가 되어서도 아니고, 학교가 그것을 받아들일 준비가 되어서도 아니었다. 내 말이나 행동이 틀리든 맞든 함부로 간섭할 수 없는 학년이었고, 어차피 곧 졸업하는 마당에 어떻게 되든 조금만 버티다가 학교를 떠나면 되었다. 내 말의 영향을 두려워하지 않아도 되고, 큰 책임을 느끼지 않아도 되는 시기에 처음으로 커밍아웃을 할 수 있었다. 이제 와서 내가 커밍아웃을 한다고 학교에 무슨 영향이 있을 것 같지도 않았고, 그냥 나라는 퀴어가 있었다는 사실을 알 사람들만 알고 잊히면 그만이라고 생각했다. 별 생각 없이 한 커밍아웃이 다른 퀴어를 만나는 계기가 되고, 졸업 후에도 그 인연이 이어질 거라고는 당시에는 짐작조차 하지 못했다.

나는 퀘스처너리입니다

내 정체성을 확신하고 싶었다. 그래서 자신의 정체성을 확신하는 사람들을 만나고 싶었다. 내가 "나 퀴어일 수도 있어"라고 하면 "그래, 너 퀴어일 수도 있어"에서 끝나지 않는 대화를 하고 싶었다. 다른 퀴어들은 사랑과 성에 대해, 그리고 자신에 대해 좀 더 주체적으로 판단하고 또렷한 답을 내렸을 거라고 생각했다. 내가 퀴어가 맞는지 아직 확신이 없는 상태에서 퀴어라는 이름으로 다른 퀴어를 만나도 될까 고민이 되었지만, 내 상태가 정확히 무엇인지 빨리 알고 싶었다. 왠지 스파이가

　　　　　　　　　　　　　　1부 나의 색깔을 찾아서

된 것 같은 기분으로, 내 정체성에 당당한 척하자는 마음으로 다른 퀴어들과 만나는 자리, 그러니까 짱뚤 모임에 함께했다.

답을 찾자고 만난 자리였지만, 아무 생각 없이 신나게 놀아 버렸다. 어라? 내가 생각했던 건 이게 아니었는데. 신기하게도 다른 퀴어들과 이상하리만치 말이 잘 통했다. 무엇보다 퀴어 조크가 가능했고, 학교에서 답답하다고 느끼는 지점이 똑같았으며, 고민도 똑같았다. 어? 나 퀴어 맞을지도?

내 정체성에 대한 논리적 진전은 하나도 없었지만, 짱뚤과 함께할수록 자신감이 생겼다. 퀴어들 사이에서 나는 이상하거나 이질적인 사람이 아니었다. 퀴어를 기만하는 사람도 아니었고, 특별해지고 싶단 마음을 정체성으로 착각하는 사람도 아니었다. 그들과 비슷한 고민을 하고, 비슷한 경험을 하는 사람이었다. 나 정말 퀴어라고 해도 괜찮은가 봐!

짱뚤이 처음으로 공개적인 활동을 했던 학교 축제에서 우리는 각자 자신의 정체성을 적은 피켓을 만들어 목에 걸었다. 그때 나는 피켓에 "나는 퀘스처너리입니다"라고 적었다. 그때까지 짱뚤 모임에서 서로의 정체성을 물어본 적은 없었기에 처음으로 정체성을 고백한 것이나 다름없었다. 그동안 키운 자신감으로 패기 있게 적기는 했지만 속으로는 걱정을 했다. 이런 애매한 정체성으로 여기 있어도 되는 걸까? 혹시 퇴출당하는 건 아니겠지? 퀴어로 인정받지 못하면 어떡하지? 이런 온갖 고민이 무색하게도 그날 내게 어떤 불만이나 문제를 제기하는 사람은 아무도 없었다.

학교를 졸업하고 이미 여러 해가 지났지만, 여전히 내 감정을 잘 모르겠고 정체성도 퀘스처너리인 상태다. 이런저런 이름에 내 정체성을 빗대어 보기도 하고, 그냥 정체성을 확립하지 않는 쪽으로 마음을 굳히는 게 편할까 고민하기도 한다. 그렇지만 짱똘과 함께 있을 때 나는 내가 퀴어임을 분명하게 느낀다.

더 이상은 '불완전한' 정체성에 대해 두려워하지 않으려고 한다. 정체성을 확실히 하지 않는다고 누군가에게 피해를 주는 것은 아니며 거짓말을 하는 것도 아니다. 내가 내리는 결론이 정답이든 아니든, 혹은 결론을 내리지 못하든 중요한 건 내가 고민했다는 사실과 고민했던 시간들이다. 정체성을 고민하는 동안에는 '정체성을 고민하는 나'가 정체성이며, 이 역시 존중받아야 할 하나의 정체성이다. '한참 고민할 시기'를 보내고 있는 청소년이라면 더더욱 불완전함을 두려워하기보다는 고민하고 있는 지금의 자신을 있는 그대로 존중해 주면 좋겠다.

  1부 나의 색깔을 찾아서

퀴어 교사,
퀴어 청소년을 만나다

쌤, 저 커밍아웃하고 싶어요

학기 초, 업무로 정신없었던 시기에 누군가 나를 찾아왔다. 지난 학기 퀴어 수업을 함께했던 꼬꼬였다. 그 수업 말고는 다른 접점이 전혀 없어 왜 나를 찾아왔을까 의아했다. 내가 바쁜 상황이라는 것이 느껴졌는지 꼬꼬는 "쌤, 지금 많이 바쁘세요?" 하더니 그냥 가려고 했다. 그 모습에 아차 싶어 돌아서는 꼬꼬를 붙잡았다. 꼬꼬는 전교생이 함께하는 자리에서 커밍아웃을 하고 싶다고 했다. 꼬꼬 앞에서 티를 내지는 않았지만 사실 꽤

나 놀랐다. 수업 하나를 같이했을 뿐 그다지 가까운 사이가 아니었던 나에게 그 이야기를 하러 오다니. 커밍아웃을 앞두고 나를 떠올려 준 꼬꼬에게 고마웠다. 짧지만 강렬했던 꼬꼬와의 이 만남이 내가 교사로서 어떤 역할을 하고 싶은지를 깨닫게 해 주었다. 내가 청소년이었던 시기에는 만나지 못했던 퀴어 교사로 살아가는 것, 학교 안에서 퀴어 청소년들과 연결된 채로 살아가는 것. 그런 교사가 되고 싶었다.

머칠 후 SNS에서 교내 퀴어 당사자 모임 계정을 발견했다. 모임을 함께할 멤버를 모집한다는 글이 올라와 있었다. 반가운 마음에 바로 메시지를 보내려다가 멈칫했다. 내가 교사였기 때문이다. 우리가 다니던 학교는 구성원 간의 평등을 지향했지만, 그럼에도 교사와 학생 사이에는 뚜렷한 위계가 존재했다. 교사와 학생이 가진 힘의 차이는 분명했고, 수업 시간만이 아니라 일상에서도 분명한 위계가 느껴졌다. 나 또한 퀴어 당사자이긴 하지만, 학생들이 주체가 되는 모임에 교사인 내가 가입했을 때 자유롭게 의견을 내는 데 방해가 되거나 학생들이 활동을 주도하지 못하게 될까 봐 걱정이 되었다.

그럼에도 메시지를 보내기로 마음먹었다. 내가 누구인지 밝히며 함께하고 싶지만 걱정스러운 부분이 있음을 솔직하게 말했고, 도움이 필요하면 언제든 알려 달라는 뜻도 전했다. 고

     1부 나의 색깔을 찾아서

맙게도 멤버들은 내 가입을 환영해 주었다. 곧이어 학교 밖에서 한번 만나자는 이야기로 단체 채팅방이 들썩였다. 비청소년인 내 존재로 인해 짱똘은 자유롭게 이동할 수 있게 되었다. 내 차를 타고 학교를 벗어나 눈치 보지 않고 안전하게 대화를 나눌 수 있게 되었다.

짱똘의 시작, 그리고 하얀 마티즈

짱똘의 시작을 떠올리면 하얀 마티즈가 생각난다. 운동장 한가운데에 서 있던 하얀 마티즈, 갑자기 어딘가에서 나타난 학생들로 좌석이 채워지던 하얀 마티즈, 운동장에 깔깔대는 웃음소리만 남긴 채 쌩하니 사라지던 하얀 마티즈……. 우리는 옆 마을로, 마을의 관광지로, 학교 사람들을 만나지 않을 수 있는 곳이라면 어디로든 떠났다. 그때마다 하얀 마티즈는 다채로운 색깔로 채워졌다. 학교에서는 자기 색을 온전히 드러내지 않던 이들이 마티즈에만 오르면 거침없이 다양한 색을 뽐냈다.

짱똘이 처음 모인 2017년 당시에는 학생들의 외출이 자유롭지 않았다. 일과 중 외출을 하려면 담임 교사에게 외출 사유를 알려야 했다. 우리는 동아리, 모임 등 각종 거짓 사유를 만들어 학교를 벗어났다. 우리의 존재를 위협하던 학교에서 자주 탈출을 감행했다. 신나는 일이었지만, 공동체의 다른 구성원에게 우리의 존재를 들키지 않기 위해 매번 숨어서 만나야 했다. 장소는 운동장일 때도 있었고, 학교 앞 버스 정류장일 때도 있었다. 그렇게 도망치듯 조심스럽게 뛰쳐나와 각자 하얀 마티즈에 타는 순간, 우리는 동시에 웃음을 터뜨리곤 했다. 그 과정 자체가 억압의 장을 벗어나는 해방의 순간이었다.

　　내가 짱똘에 가입하고, 다같이 처음으로 만나는 날이었다. 만날 시간을 정하고, 마티즈에서 멤버들을 기다리던 순간이 여전히 생생하다. 대부분 서로 별다른 접점이 없고, 가깝지 않은 사이였기에 한 명, 한 명 차에 오를 때마다 어색한 설렘이 차 안을 채웠다. 멤버가 모두 차에 오른 뒤 우리는 마을에서 꽤 멀리 떨어진, 그때껏 한 번도 가 보지 않았던 카페로 향했다. 산과 강을 지나 카페로 향하던 중에, 이렇게 어렵사리 학교를 벗어났는데 카페로 간다는 것이 아쉽게 느껴졌다. 그래서 계획을 바꿨다. 우리 학교는 산골 마을에 위치해 있었기 때문에 인근에 유명한 산과 봉우리가 많았다. 우리는 그중 한 봉우리에 올라 콧바람도 쐬고 처음으로 단체 사진도 찍었다. 평일 오후 시간에 대중교통으로는 가기 힘든 장소에서 학교 구성원들 없이 모이니 몸과 마음이 그 어느 때보다 자유로웠다. 나를 굳이 설명하지 않아도, 나의 불편함을 애써 증명하지 않아도 되는 짱똘이라는 장은 우리의 퀴어 정체성을 보다 단단하게 만들어 주었다.

우리 공동체의 구성원들은 하얀 마티즈를 궁금해했다. 왜 종종 하얀 마티즈가 학교 주변에 정차해 있는지, 그 차에 하나둘 오르는 이들은 누구인지, 무엇보다 왜 몰래 모이는지를 알고 싶어 했다. 다른 한편으로, 자신을 드러내며 활동하는 짱똘 멤버 곁에 누군가 함께 있으면 그 사람도 짱똘 멤버일 거라 단정 짓곤 했다. 우리가 존재를 드러낼 수 없는 이유보다 짱똘 멤버가 누구인지에만 관심이 쏠렸다. 그런 호기심이 자칫 아우팅으로 이어질까 봐 조심스러웠지만, 서로를 지키기 위해 언제든 짱똘을 들어 줄 동료가 생겼다는 사실에 마음이 든든했다.

우리의 시작은 그랬다. 나를 드러내는 것조차 고민해야 했던 학교 분위기, 엉뚱한 데로만 관심이 쏠려 당황스러웠던 순간들, 그래서 결국 친구와 동료들에게만 했던 커밍아웃. 그러나 그 커밍아웃을 계기로 우리는 연결되었고, 학교 안에서 작은 해방감을 느낄 수 있었다. 커밍아웃이 우리의 안전을 해칠 수도 있다고 생각했지만, 결과적으로 우리는 든든한 동료를 얻었다. 내가 지내는 공간에 나와 비슷한 고민을 하는 사람이 존재한다는 것을 알게 되었을 때 우리는 자신의 정체성을 더 잘 인정하고 받아들일 수 있었다.

짱똘을 만나고 나서야 나는 동료 교사들에게 커밍아웃을
한 뒤에도 마음의 빈자리가 채워지지 않았던 이유를 찾았다.
동료 교사들은 대부분 내가 왜 커밍아웃을 했는지 이해하지 못
했다. 좋아하는 사람이 있어서 하는 고백이라고 받아들이는
사람도 있었다. 세상에는, 우리 학교에는 이성애자만 존재한
다고 생각하는 교사회 분위기가 나는 불편했다. 남자 친구가
있느냐는 질문이, 소개팅을 해 주겠다는 말이, 결혼할 거냐는
물음이 나에게 어떻게 다가올지 함께 지내는 동료로서 한 번쯤
은 고민해 주기를 바랐다. 그러나 그런 이야기들이 자연스럽
고 당연하다 여기며 살아온 이들이 퀴어 동료가 있다는 이유로
단번에 바뀌지는 않았다. 커밍아웃 이후에도 나는 비슷한 질
문을 많이 받았다. 더 이상 설명하지 않아도 나의 어려움과 불
편함에 공감할 수 있는 이들을 만나고 싶었다. 짱똘과 만나면
서 비로소 나는 학교에서 퀴어로 살아갈 수 있었다.

우리의 이유 있는 놀이를 후원해 주세요

짱똘 멤버들과 만나며 각자가 퀴어 정체성 때문에 억압당했던
순간을 털어놓았다. 나에게 짱똘은 학교에서 겪은 미세한 차
별과 억압을 폭로하는 장이자 안전한 놀이, 연대의 자리였다.

　　　　　　　　　　　　　　　1부 나의 색깔을 찾아서

차별의 경험조차 증명하고 설명해야 했던 우리에게는 긴 말 없이도 서로 공감하고 이해할 수 있는 장이 매우 소중했다.

학교에서는 관심 있는 이성이 있느냐, 여자 혹은 남자 친구가 있느냐는 질문이 수시로 오갔다. 기숙사에서, 교실에서, 면담에서 이런 질문을 들을 때면 비이성애자들은 솔직하게 나의 성적 지향을 드러내도 될지, 아니면 거짓말을 해야 할지 고민에 빠졌다. 이는 동성애자, 양성애자, 범성애자, 무성애자 등을 무심코 지우는 물음이었다. 연애하는 게 자연스럽고, 이성애가 당연한 학교 문화에서 비이성애자 퀴어들은 이성애자인 척하며 살아가는 각자의 방법을 찾아야 했다.

또한 학교라는 공간에는 트랜스젠더 퀴어의 자리가 없었다. 기숙사, 샤워실, 화장실 등 모든 생활 공간은 지정 성별, 즉 여성과 남성으로만 나뉘어 있었다. 학교에서 배부하는 각종 문서와 설문지에는 대부분 '남/여'라고 적혀 있는 성별 칸이 있었고, "여자는 이쪽으로, 남자는 저쪽으로 모이자"와 같은 말들이 일상적으로 쓰였다. 트랜스젠더 퀴어는 비이성애자 퀴어보다 훨씬 더 상상하기 어려웠고, 그만큼 쉽게 지워지는 존재였다. 이러한 구조와 문화 속에서 우리는 퀴어 정체성이 지워지는 듯한 감각을 일상적으로 경험했다.

짱똘이 모여 우리만의 언어로 억압과 배제의 경험을 나눌 수 있었던 건 우리에게 차별을 느끼는 공통의 감각이 있었기 때문이다. 각자 홀로 괴로워하던 우리는 함께 모여 개인이 겪은 사건을 소수자 당사자 공통의 경험으로 해석할 수 있었고, 학교의 구조적인 문제도 드러낼 수 있었다. 그 문제를 해결하기 위한 실천도 함께 고민하며 다양한 활동을 이어 갔다. 짱똘의 활동은 그 자체로 교내 퀴어 가시화 운동이었다.

짱똘은 첫 교내 활동으로 학교 축제에서 부스를 열기로 했다. 꼬꼬와 나를 비롯해 퀴어 정체성을 드러내고자 마음먹은 멤버들을 중심으로, 학교에 퀴어 당사자 모임이 생겼다는 것과 다양한 퀴어 정체성을 알리는 활동을 준비했다. 부스를 방문한 사람들이 참고할 수 있도록 성별 정체성과 성적 지향, 퀴어 정체성에 대한 설명을 담은 책자도 제작하고 스티커도 만들며 부스를 기획하는 과정이 꽤 즐거웠던 기억이 난다. 우리가 안전하게 만나기 위해 "우리의 이유 있는 놀이를 후원해 주세요"라는 문구가 적힌 모금함도 설치했다. 퀴어에 대한 인식이 거의 없는 학교에서 모임을 하기에는 아우팅의 위험이 있었기 때문에 우리는 학교 밖에서 만나야 했고, 그러기 위해서는 돈이 필요했다. 모금함에 적었던 문장은 우리 학교가 아직 퀴어에게 안전하지 않은 공간이라는 것, 그리고 누군가에게는 그냥 노는 것처럼 보일지 모르는 이 모임이 우리에게는 이유 있는 활동이라는 것을 알리는 의미였다.

축제 당일 우리는 자신의 퀴어 정체성을 적은 '커밍아웃 피켓'을 각자 몸에 붙이고 부스 활동을 하기로 했다. 학교 축제는 학생, 교사뿐 아니라 양육자와 마을 주민까지 참여하는 행사였다. 그런 곳에서 커밍아웃 피켓이라니 나름대로 파격적이고 용감한 결정이었다. 자신의 정체성을 쓰는 칸에 나는 '레즈비언'이라고 쓰고 한참을 고민했다. 이 피켓을 몸에 붙일 용기가 지금 나에게 있나. 그때 옆에 있던 짱똘 멤버가 피켓을 몸에 붙이기 시작했다. 그 모습을 보고 나도 용기를 냈다.

'그래, 혼자가 아니잖아. 이 친구도 용기 낸 것일 텐데 나도 함께해야지.'

그렇게 피켓을 몸에 붙이고 축제를 시작했다. 부스에는 많은 사람들이 찾아왔다. 우리가 생각했던 것 이상으로 많은 구성원에게 퀴어에 대해 설명할 수 있었다. 구성원들은 우리가 직접 만든 굿즈에 관심을 가졌고, 짱똘의 이유 있는 놀이에 공감하며 후원도 많이 해 주었다. 우리의 설명에 집중해 주던 사람들, 그로 인해 자신의 정체성을 고민하게 된 청소년과 피켓에 관심을 보이던 양육자들, 다양한 굿즈를 반가워하며 얼굴에 무지개 타투를 붙이고 후원을 해 준 친구들까지. 짱똘이 만들어진 지 채 한 달도 되지 않았는데 우리는 더 넓은 세계와 연결되는 느낌을 받았다. 그 따뜻했던 반응 덕분에 우리는 이 공간에서 퀴어로 살아갈 수 있겠구나, 살아가도 되겠구나 조금은 안심하게 되었다.

혐오에 사랑으로 대응하다

짱똘이 다양한 활동을 펼쳐 나가니 학교 구성원들이 점차 관심을 갖기 시작했다. 그러한 관심은 학교의 규칙이나 문화를 바꾸는 계기가 되기도 했지만, 때로 혐오로 이어지기도 했다. 짱똘이 활동을 시작한 지 두 학기가 되었을 때 한 SNS에 개설된 학교 익명 게시판에 짱똘에 대한 글이 올라왔다. 익명 씨는 "짱똘이 동성애자 모임 그런 거냐"며 친구 중에 '그런 사람'이 있을까 봐 신경이 쓰인다, 딱히 무슨 활동을 하는 것 같지도 않은데 왜 그런 모임이 있는지 모르겠다는 식의 글을 남겼다.

명백한 퀴어 혐오가 담긴 글이었다. 자신은 차별주의자가 아니라고 하면서도 퀴어를 불편하게 여기고, '그런 사람'이 주변에 없었으면 한다는 생각을 익명에 기대어 표출한 것이다. 그런 글이 그대로 올라오게 한 익명 게시판 관리자와 익명 뒤에 숨어 있는 공동체 구성원들에게 화가 났다. 이 게시판은 관리를 담당하는 학생이 있었고, 그가 내용을 검토한 후 게시하

　　　　　　　　　　　　　　　1부 나의 색깔을 찾아서

는 것을 원칙으로 했다. 그 관리자는 이것을 혐오라고 생각하지 않은 것일까? 아니면 혐오인 줄 알면서도 게시한 것일까? 혐오와 차별을 혼자 마주할 때는 두려움과 불안한 감정이 크지만, 함께 마주할 때는 그에 대응하는 힘이 만들어진다. 짱똘은 이 글을 보며 마음을 나누었고, 대응 방법을 함께 찾아 나갔다. 우리는 모임의 목적을 설명하며 혐오에 사랑으로 대응하기로 했다.

> 안녕하세요, 그 짱똘입니다. 저희를 향한 익명 씨의 열렬한 관심과 뜨거운 시선 감사드립니다. 우선 짱똘에 대해 '막 그러는 곳'이라고 말씀하신 부분에 대해, 짱똘이 어떤 모임인지 이해하지 못하신 것 같아서 간단한 설명 드리겠습니다. 짱똘은 교내 동성애자를 비롯한 다성애자, 무성애자, 젠더퀴어 등 다양한 성소수자들이 연대하기 위해 만들어진 소모임입니다(세상에는 동성애자 말고도 다양한 성소수자가 있답니다).
>
> 우리 학교에서는 인권 감수성을 중요하게 생각하고 그에 따른 교육을 하고 있지만, 그럼에도 불구하고 학교생활 속에서 성소수자를 개그 코드로 소비하고, 놀림거리로 삼는 등 주변에 성소수자가 있을 거란 생각을 하지 않고 행동하는

구성원들을 보아 왔습니다.

짱똘의 가장 큰 목적은 학교 사람들에게 성소수자가 바로 옆에, 공동체 속에 함께 살고 있다는 점을 알리는 것이라고 생각했습니다. '게이'를 농담으로 말하기 전에 한 번만 더 생각해 주셨으면 하고, 성소수자를 '그런 거'라고 부르며 볼드모트 취급하지 마시고 제대로 이름을 불러 주셨으면 하는 마음에서 짱똘이 있는 것이라고 생각합니다.

익명 씨처럼 활동이나 방향에 대해서 뚜렷한 제시를 해 주었으면 하는 말을 종종 듣습니다. 이 점은 저희도 무슨 활동을 할지, 그리고 어떻게 활동을 알릴지 궁리하는 중입니다. 하지만 우선은 짱똘이 교내의 정체성 고민을 하고 있는 분들께 보금자리가 될 수 있다는 점을 확실히 말하고 싶습니다. 앞으로도 지속적인 관심과 끊임없는 애정 잘 부탁드립니다.

— 당시 게시했던 댓글의 원문

이날은 짱똘이 공식적으로 혐오와 차별에 대응한 날이기도 하지만, 교내에 우리와 연대하는 이들이 있음을 알게 된 날이기도 하다. 우리가 댓글을 달기 전에도 이미 이 글이 왜 '퀴어 혐오'인지 설명하는 교내 앨라이들의 댓글이 달려 있었다.

우리는 그 댓글들을 보며 학교에서 발생하는 퀴어 혐오와 차별에 더 이상 혼자 힘들어하지 않아도 된다는 것을 알게 되었다. 혐오가 담긴 익명의 글에 잠시 무력해졌지만, 이 일 덕분에 우리는 앨라이와 연결될 수 있었다. 짱돌 내부적으로도 우리가 서로의 곁에 있어야 한다는 것을 더 확실히 깨닫는 계기가 되었다.

공동체 안에서 모습을 드러낸 퀴어의 존재는 학교생활에 사랑을 더하기도 했지만, 더 뚜렷해진 혐오를 마주하게도 했다. 그동안은 존재를 알아차리지 못했던 퀴어들과 점점 더 자주 마주해야 하는 상황을 불편해하는 이들이 있었다. 퀴어 당사자로서 그런 감정은 여전히 상처가 되지만, 이는 다른 사람들이 어떻게 살아가고 있는지 서로 잘 모르기에 나타나는 혐오라고 믿고 싶다. 내가 경험하지 못한 삶에 대해 낯설어하는 것은 당연한 일이기도 하니까. 이처럼 학교와 사회에 퀴어한 존재가 모습을 드러내는 것만으로는 변화를 만들어 내는 데 한계가 있었다.

학교 구성원들의 생각과 행동이 실제로 변화하기 위해서는 더 구체적이고 적극적인 활동이 필요했다. 단순히 '우리는 다양한 존재와 함께 살아가고 있어' 정도의 인식이 아니라, 소수자와 약자를 억압하고 차별하는 구조는 어떻게 만들어지는

지, 우리 학교는 그들이 안전하게 살아갈 수 있는 공동체인지, 안전한 공동체를 만들기 위해 우리에게는 어떤 태도가 필요한지 등을 논의하는 장이 필요했다. 학교 밖 사회뿐만 아니라 학교 안에도 불평등한 구조, 차별과 폭력이 존재한다는 사실을 학교 구성원들이 인정하고 함께 살피는 계기를 마련하고 싶었다. 이를 위해 짱똘은 단지 존재를 드러내는 것을 넘어 기존의 틀과 규범에 틈을 내는 다양한 활동을 시작했다.

있는 그대로의
나를 긍정하기

특별한 룸메이트

내가 퀴어에 대해 처음 배운 것은 1학년 성교육 시간이었다. 초등학생 때는 퀴어와 관련된 정보를 접할 일이 전혀 없어서 한 번쯤은 들어 봤을 법한 '게이', '레즈비언' 같은 단어도 내게는 생소했다. 처음 듣는 복잡한 용어들에 정신이 혼미했던 기억이 난다. 퀴어에 대해 알게 되고 처음 느낀 감정은 '새로움'이었다. 물론 그동안 당연하게 여겨 왔던 이성애, 성별 이분법의 틀을 깨는 이야기들이 충격적이기는 했다. 그러나 그게 이상하다거나 불편하게 느껴지지는 않았다. 오히려 아무런 정보가 없었던 덕분에 퀴어의 존재를 편견 없이 있는 그대로 인식할 수 있었다. 퀴어라는 새로운 세상을 알게 되면서 내 시야가 넓어졌고, 나도 모르는 사이에 누군가를 배제하거나 아프게 할까 봐 말과 행동을 조심하게 되었다. 하지만 딱 거기까지였다. 그 이상 관심을 갖거나 내 삶과 연결해 생각해 보지는 않았다.

그러다가 2학년이 되던 해, 내 삶에 큰 변화가 찾아왔다. 우리 학교 기숙사는 보통 한 달 주기로 방을 바꾼다. 룸메이트가 누구냐에 따라 방 사람끼리 친하게 지내기도 하고 어색하게 지내기도 하는데, 꼬꼬와 룸메이트가 되었을 때 우리는 합이 아주 잘 맞았다. 금방 친해져서 랜덤 게임도 자주 하고, 간식도 나눠 먹으며 많은 추억을 쌓았다. 보통 방이 바뀌면 친했던 사이도 금방 서먹해지는데 신기하게도 꼬꼬와는 달랐다. 서로 방이 달라진 후에도 각자의 고민을 털어놓고 의지하며 자주 붙어 다녔다.

학교 교육 과정 중에 학년별로 정해진 주제에 따라 3주간 학교 밖에서 배움을 찾는 '움직이는 학교'라는 프로그램이 있다. 학년별로 다른 지역에서 일정이 진행되기 때문에, 학년이 서로 다른 커플들은 매일 밤 전화를 하며 함께 있지 못하는 아쉬움을 달랬다. 그래서 학생들 사이에는 '밤에 나가서 전화하고 있으면 커플'이라는 분위기가 만연했다. 나와 꼬꼬는 연인이 아니었는데도 매일 통화를 했다. 연애 중이던 친구보다 더 오래 통화하고 밤늦게야 방으로 돌아가는 날이 많았다.

보통의 우정과 달라 보이는 미묘한 관계에 주변 친구들은 꼬꼬가 나를 좋아하는 것 같다고 말했다. 하필 꼬꼬가 전교생이 다 아는 '오픈리 퀴어(자신이 퀴어임을 밝히는 사람)'였기 때문에 나를 좋아할 가능성이 있다고 판단한 모양이었다. 하지만 그런 의심을 받을 때마다 그런 거 아니라고 딱 잘라 말했다. 꼬꼬가 퀴어라는 이유로 나를 좋아한다고 추측하는 건 편견이라고 생각했기 때문이다. 주변의 누군가가 커밍아웃을 하면 '혹시 걔가 나를 좋아하면 어떡하지?'라며 괜한 걱정을 하는 사람들이 있는데, 나는 그런 근거 없는 자신감이 도대체 어디서 나오는 건지 이해할 수 없었다. 나는 상대의 감정을 내 멋대로 추측하고 착각하는 사람이 되고 싶지 않았다. 꼬꼬와 가까워질수록 '혹시 진짜 나를 좋아하나?' 싶은 생각이 드는 순간들이 종종 있었지만, 그럴 때마다 '에이, 아니겠지' 하며 가볍게 넘겼다.

사랑일까? 우정일까?

그러다 방학을 하고, 각자의 본가로 돌아가면서 꼬꼬와 나의 물리적 거리가 약 세 시간이 되었다. 우리는 방학에도 매일 연락하며 일주일에 두 번씩 만났다. 아침 일찍 만나서 밤늦게까지 알차게 놀고 헤어지기를 반복했다. 보통은 각자 사는 곳의 중간쯤에서 만났는데, 하루는 꼬꼬가 사는 지역에 내가 놀러 갔다. 평소처럼 재밌게 놀고 집에 가는 버스를 기다리며 벤치에 앉아 이야기를 나누고 있었다. 그런데 그날따라 꼬꼬의 분위기가 묘했다. 뭔가 얘기를 꺼내려 우물쭈물하더니 이렇게 말했다.

"너 나 좋아해?"

누가 봐도 고백 같은 질문에 순간 머릿속이 새하얘졌다.

'나는 아직 마음의 준비가 안 됐는데, 정말 나를 좋아한다고?! 뭐라고 답하지?'

함께 있을 때 종종 설렘 비슷한 감정을 느끼기는 했지만 그 감정이 사랑이라는 확신은 없었다. 게다가 연애 경험도, 짝사랑 경험도 전혀 없는 나에게 처음으로 고백한 사람이 이성이 아니라니. 여러 가지 고민이 뒤섞여 머릿속이 너무 복잡했다. 그냥 이 상황을 회피하고 싶은 마음뿐이었다. 그때 이 상황을 무마할 아이디어가 하나 떠올랐다. 나는 최대한 천진난만하게 대답했다.

"그럼! 좋아하지. 친구로."

지금 봐도 정말 최악의 답변이다. 고작 생각해 낸 게 이렇게 고전적인 대답이라니. 웹툰 속 주인공이 이런 대답을 할 때마다 속에서 천불이 나곤 했는데, 내가 똑같이 행동할 줄은 몰랐다. 하지만 당시에는 도무지 다른 말이 떠오르지 않았다. 그렇다고 딱 잘라 거절하기에는 꼬꼬를 좋아하지 않는다는 확신 또한 없었다. 나름대로 '친구'를 강조했으니 이 정도면 넘어가겠지 했지만, 예상과 달리 꼬꼬는 단단히 마음을 먹은 모양이었다.

"아니, 그런 의미로 말고."

꼬꼬가 다시 한번 나에게 진심을 물었다. 기껏 눈치 없는 척을 했건만……. 다시 머리가 팽팽 돌아갔다. 더 이상 모르쇠 수법은 통하지 않을 것 같았다. 어떤 확신도 할 수 없었던 내가 "그럼 너는 나 좋아해?"라고 묻자 꼬꼬는 일말의 고민도 없이 답했다.

"응, 좋아해."

나는 아직 잘 모르겠다고, 생각해 보겠다고 얘기한 후 집에 돌아와 깊은 고민에 빠졌다. 가장 큰 고민은 내 감정에 확신이 없다는 것이었다. 괜히 내 감정을 착각해서 꼬꼬에게 상처를 주지는 않을까 두려웠다. 그때까지 나는 누군가에게 좋아하는 감정을 느낀 적이 한 번도 없었다. 이성에 관한 이야기를 하는 친구들을 보며 왜 나는 그런 감정을 느끼지 않는지 고민하기도 했다. 미디어를 통해 본 사랑은 서로에게 격렬한 끌림을 느끼고, 서로만을 바라보며, 상대에게 헌신하는 특별한 감정이었다. 나는 꼬꼬와 있으면 편안하고, 헤어지기 아쉽고, 함께 있는 시간이 너무나 소중했지만 그건 친구들에게도 느끼는 감정이었다. 그래서 어디까지가 우정이고 어디서부터가 사랑인지 혼란스러웠다.

친구들에게 사랑과 우정을 구분하는 기준이 뭐냐고 물었더니 상대와 키스하는 상상을 해 본다고 했다. 그런 상상이 가능하면 연애 감정이고, 전혀 상상이 되지 않거나 불쾌한 감정이 든다면 우정이라고 말했다. '좋아하면 키스하고 싶을 것'이라는 전제가 깔린 답이었다. 그러나 연애 감정이 꼭 스킨십으로 이어져야 하는 걸까? 나의 경우 상대가 누구든 키스하는 상상은 낯설고 불쾌했다. 또, 연애를 한다고 상상했을 때 설레는 마음보다 헤어지는 상황이 걱정이었다. 뜨겁게 사랑하다가 헤어지면 남보다 못한 사이가 되던데, 불확실한 마음으로 연애를 시작했다가 헤어지면 소중한 관계가 깨질까 봐 무서웠다. 그래서 확신 없이 연애를 시작하는 건 아니라는 판단을 내렸다.

좋아하지만 사귀는 건 아니야

며칠 뒤, 확실하게 거절해야겠다고 마음먹고 꼬꼬를 만났다. 헤어질 때까지 입이 떨어지지 않아 질질 끌다가 결국 집에 가야 할 시간이 다가왔다. 더 이상 미룰 수 없었다. 이제 정말 이야기를 꺼내야 하는데 하필이면 분위기가 너무 로맨틱했다. 선선한 저녁 바람이 불고, 앞에서는 감미로운 노래가 흘러나오고 있었다. 게다가 우리 사이의 거리가 꽤 가까웠다. 가슴이 답답하고 심장이 당장 튀어나올 것처럼 떨렸다. 나는 냅다 "좋아해"라고 말했다. 뇌에서 아무런 판단을 거치지 않고 튀어나온 말이었다. 당황스러웠다. 하지만 말을 뱉고 나서야 그 마음이 내가 두려움 속에 꽁꽁 감춰 둔 진심이라는 걸 알았다.

그러나 막상 내 진심을 마주하고 나니 주변의 시선이 걱정되기 시작했다. 좋아하는 마음에는 확신이 생겼지만 이성이 아닌 상대와 연애를 하는 건 또 다른 문제였다. 아직 사회 분위기는 퀴어에게 차별적이고 폭력적인데 학교라고 크게 다를까. 다들 말로는 존중한다고 하지만 실제로 이성이 아닌 커플을 봤을 때 어떤 태도를 보일지 두렵기만 했다. 그동안 퀴어로 정체화하고 살아온 것이 아니기에 막연한 공포감이 커졌다. 만약 내가 꼬꼬와 연애를 한다면 가족들이 어떤 반응을 보일까. 친구들의 연애 소식이 들려올 때마다 엄마는 나에게 남자 친구가 생기면 꼭 소개해 달라고 말했다. 그런데 첫 애인이 남자 친구가 아니라면? 그런 나를 가족들이 온전히 이해하고 받아들일 수 있을까? 아닌 척했지만 나는 '일반적인' 연애를 하고 싶었고, 남들과 달라지고 싶지 않았다. 그래서 급하게 "너를 좋아하지만 사귀는 건 아니야"라는 황당한 말을 내뱉고 말았다.

좋아하는 마음만 가지고 연애를 시작하기에는 고민되는 지점이 너무 많았다. 우리 사회가 제시하는 '정상적인 연애'라는 비좁은 틀은 내가 진정으로 원하는 것이 무엇인지 알 수 없게 했다. 만약 꼬꼬가 이성이었어도 그렇게 얘기했을까? 그랬어도 내 감정에 대해 고민했겠지만, 적어도 주변의 시선을 의식하며 괴로워하지는 않았을 것이다.

나를 퀴어라고 해도 괜찮을까?

꼬꼬에게 사귀는 건 아니라고 말했지만, 이미 서로의 마음을 확인한 이상 이전과 같은 관계로 돌아갈 수는 없었다. 사귀자는 말만 안 했을 뿐 우리 관계는 이미 연인과 다름없었다. 방학

동안 계속 연락을 주고받고 마음을 표현하면서 우리는 자연스럽게 연인이 되었다. 다행히도 학교 사람들은 우리에게 별로 관심이 없었다. 이상한 시선으로 보지 않을까 걱정했던 마음이 무색하게도 우리의 관계는 자연스럽게 받아들여졌다. 학교에서 동성끼리의 스킨십은 모두 우정으로 치부하는 분위기이니 우리의 관계도 우정이라 생각할 줄 알았다. 그런데 우리에게는 뭔가 다른 분위기가 있었는지 언젠가부터 모두가 우리를 연인으로 인식했다. 놀랍고도 웃긴 일이었다.

평온하게 연애를 이어 가던 중 나의 정체성에 대한 고민이 생겼다. 학교에서 나는 퀴어로 인식되었지만, 스스로를 퀴어로 정체화한 상태가 아니었다. 나의 정체성을 진지하게 고민하지 않은 채 연애를 이어 왔기에 존재 자체에 대한 혼란이 생겼다. 오랜 기간 연애를 하면서도 교내의 유일한 퀴어 당사자 모임인 짱똘에는 가입하지 않았다. 꼬꼬가 함께 짱똘 활동을 하자고 몇 번이나 제안했지만 쉽사리 대답할 수 없었다. 묘한 괴리감 때문이었다. 나는 퀴어인가? 단지 연애 상대가 이성이 아니라고 해서 퀴어라고 할 수 있나? 어떻게 연애 한 번으로 성적 지향을 확신할 수 있지? 한꺼번에 수많은 질문이 떠올라 머릿속이 어지러웠다.

나에게는 '퀴어다운' 사람의 고정된 이미지가 있었다. 미디어와 책을 통해 접한 퀴어들은 어릴 때부터 자신을 퀴어라고 인식하게 되는 '특별한 계기'가 있었다. 예를 들어 '젠더 디스포리아'를 느끼거나, 동성을 짝사랑하는 등 어떤 확실한 계기를 통해 자신이 남들과 다름을 인지했다. 그런 기준에서 생각하면, 시스젠더 이성애자라고 전제하는 것에 불편함을 느낀 적이 없는 나는 '퀴어다운' 사람이 아니었다. '퀴어다움'을 규정하는 것 자체가 편견이라는 건 뒤늦게야 깨달았다.

꼬꼬와의 연애도 동성을 좋아하는 것이 아니라 '꼬꼬'라는 사람 자체를 좋아하는 것이라는 생각이 강했다. 내가 꼬꼬에게 끌림을 느꼈던 건 꼬꼬가 남성스럽거나 여성스러워서가 아니었다. 나에게 한없이 다정한 태도, 나를 있는 그대로 지지해 주는 모습, 배울 점이 많고 함께 성장할 수 있는 사람이라는 게 좋았다. 연애 경험이 부족해서 그런지 내가 어떤 상대에게 끌린다고 확실하게 말하기도 어려웠고, 그런 게 가능한지도 의문이었다. 지금 내가 하는 연애의 형태가 이성애가 아닐 뿐이지 그걸로 내 정체성을 알 수는 없다고 생각했다. 이런 불확실한 상태에서 나를 퀴어 당사자라고 소개하며 짱뚤에 들어가도 되는 건지 조심스러웠다.

내가 퀴어라는 사실을 부정하고 의심했지만, 언젠가부터 나도 모르게 퀴어 당사자가 느끼는 감정에 공감하고 있었다.

이전에는 퀴어에 대한 차별과 혐오에 분노했다면, 꼬꼬와 연애를 시작한 이후로는 그 혐오가 아프게 다가왔다. 나의 존재를 부정하고 위협하는 말처럼 들렸기 때문이다. 퀴어 친구들과 있을 때는 안전하다고 느꼈지만 그곳을 벗어나는 순간 두려움이 커졌다. 평범한 사람들 사이에서 나만 이방인이 된 느낌이었다. 사람들의 대화에서 퀴어라는 단어가 들리기라도 하면 혹시 나쁘게 이야기하지는 않을까 심장이 쿵쿵 뛰었다. 그래서였을까. 분명히 퀴어 당사자성을 느끼고 있었음에도 스스로를 퀴어라고 정체화하는 일은 어려웠다.

내 주변에는 정체화에 대해 함께 논의할 짱똘 멤버들이 있었기에 본격적으로 정체성을 탐색하고 고민했다면 금방 확신을 가졌을지도 모른다. 하지만 나는 그 기회를 회피했다. 퀴어로 살아갈 자신이 없었다. 퀴어로 살기를 선택하는 순간 지금과는 완전히 다른 세상이 펼쳐질 것 같았다. 그 다른 세상에 내가 온전히 포함될 수 있을지, '정상' 범주에서 벗어난 정체성을 내가 잘 받아들일 수 있을지 어느 것도 확신할 수 없었다. 가족이나 친구들에게 나의 정체성에 대해 설명하는 상황을 최대한 피하고 싶었고, 그럴수록 막연한 두려움만 커졌다.

나의 정체성을 직면하다

회피만 하던 내가 퀴어 정체성을 받아들이고 짱똘에 들어가게 된 계기는 한 친구에게 커밍아웃을 해야겠다고 결심하면서부터였다. 당시 나에게는 초등학생 때부터 연을 이어 온 소중한 친구가 있었다. 집이 멀어서 자주 보지는 못하지만 종종 안부를 묻고, 방학에 한 번은 꼭 만나는 사이였다. 그런데 그 친구가 어느 순간부터 나에게 "너 요즘 연애하지?"라고 묻기 시작했다. 어떻게 알았는지 아니라고 해도 매번 의심의 눈초리를 보내는 친구에게 나는 아무런 말도 할 수 없었다. 커밍아웃을 하기에는 아직 나를 설명할 정확한 말을 찾지 못했고, 그렇다고 거짓말을 하기에는 양심의 가책을 느꼈다.

학교에서는 구성원 대부분이 내가 꼬꼬와 연애하는 것을 아니까 굳이 커밍아웃할 필요 없이 정체화를 미루고 살아갈 수 있었다. 그러나 이 친구는 내가 직접 말하지 않는 이상 내가 연애한다는 걸 알 방법이 없었다. 어디서부터 어떻게 말해야 할까 망설여졌다. 커밍아웃할 자신이 없어서 그냥 성별을 말하지 않고 사귀는 사람이 있다고만 할까 고민하기도 했다. 첫 만남이 어땠는지, 왜 그동안 연애하는 것을 숨겼는지 등의 질문에 대답하기 위해 거짓과 진실이 교묘하게 뒤섞인 답도 미리 만들어 두었다. 하지만 거짓말은 할수록 불어나고 언젠가는 구멍이 생겨 탄로 날 게 뻔했다. 무엇보다 친한 친구에게 거짓말을 이어 가고 싶지 않았다. 모든 걸 다 설명하지는 못하더라도 숨기지 않고 솔직하게 말해 주고 싶었다.

혼자서 아무리 끙끙대도 두려움이 사라지지 않아 결국 유랑에게 조언을 구했다. 어떻게 하면 자연스럽게 커밍아웃할 수 있는지, 상대가 퀴어에 대해 전혀 모른다면 어떻게 설명해야 하는지 등 걱정되는 것들을 털어놓았다. 유랑은 자신의 경험을 바탕으로 많은 이야기를 해 주었다. 그중 나에게 가장 큰 용기를 주었던 말은 "꼭 모든 사람에게 커밍아웃할 필요는 없어"였다. 유랑은 상대를 속인다는 죄책감 때문에 커밍아웃을 결심하는 사람도 있는데, 커밍아웃하지 않는 것은 스스로를 지키기 위한 선택이지 상대를 속이는 게 아니라고 했다. 커밍아웃을 하지 않고도 관계를 이어 갈 수 있고, 그것에 대해 미안함을 느낄 필요는 없다고 말했다. 그 말에 나는 부담을 덜고 좀 더 생각할 시간을 가질 수 있었다.

이 모든 과정은 나의 퀴어 정체성을 인정하는 시간이었다. 남들이 나를 퀴어라고 인식하는 것과 내 입으로 직접 나를 퀴어라고 소개하는 것은 천지 차이였다. 학교에서 퀴어 커플로 지내는 것은 사람들에게 내가 퀴어로 인식되는 것이지만,

커밍아웃을 한다는 건 그에 앞서 나 스스로 퀴어라는 사실을 받아들이는 문제였기 때문이다. 결국 나는 그동안 회피해 오던 정체성에 대한 고민을 직면할 수밖에 없었다.

몇 달 후 나는 친구에게 커밍아웃했다. 소중한 친구에게까지 나를 숨기고 싶지 않다는 결론을 내렸기 때문이다. 친구는 "왠지 남자를 만나는 것 같진 않았어"라며 자연스럽게 받아들였다. 막상 말하고 보니 별거 아니었다. 생각보다 어렵지 않았고, 말하고 나니 오히려 좋은 게 많았다. 대화할 때마다 남자 친구에 관해 물을까 봐 노심초사할 필요도 없고, 인스타그램 스토리나 카카오톡 프로필 사진을 올릴 때 조심할 필요도 없었다. 나를 숨김없이 자유롭게 드러낼 수 있다는 것에 해방감을 느꼈다.

퀴어라고 해도 달라지는 건 없어

꼬꼬와의 연애는 매 순간이 혼란의 연속이었다. 사랑이라는 감정에 대해 치열하게 고민했고, 사랑을 알게 된 후에는 사회의 시선을 의식해야 했다. 연애를 시작한 후에는 모두가 나를 퀴어라고 생각했지만 스스로 퀴어임을 받아들이지 못해 어디에도 속하지 못하는 상태로 방황했다. 누군가는 나의 글을 읽으며 '이 사람은 왜 이렇게 줏대가 없나'라고 생각할지도 모른다. 사실이다. 나는 끊임없이 갈팡질팡하며 그 무엇도 확신하지 못했다. 내 안에서 충돌하는 모순들을 직면하고 수많은 혼란을 경험하며 조금씩 나의 정체성을 찾아 나갔다.

학교 축제에서 짱똘이 운영했던 부스에서 구구는 스스로를 '퀘스처너리'라고 소개했다. 퀘스처너리는 말 그대로 아직 정체성을 고민하는 사람이다. 정체성을 확립하지 않고 고민하는 단계도 퀴어가 될 수 있다는 것을 그때 처음 알았다. 퀴어라고 해서 꼭 자신을 특정한 단어로 정의해야 하는 것은 아니며, 스스로 퀴어임을 증명해 내야 하는 것도 아님을 차차 알게 되었다. 내가 퀴어인지 아닌지, 퀴어다운지 아닌지를 평가할 자격은 누구에게도 없다. 중요한 것은 내가 스스로를 있는 그대로 인정하고 긍정하는 것이다. 내 안의 두려움이 나를 어디에도 속하지 못하게 하고, 혼란과 불안을 키우고 있었다. 오랜 고민 끝에 다다른 결론은 지금 당장 나를 무어라 규정하지 않고, 그냥 '퀴어'로 살아가고 싶다는 것이었다.

나를 퀴어라고 정체화한다고 해서 내 삶이 통째로 바뀌는 것은 아니었다. 누구나 다양한 정체성을 가지고 살아가듯이 퀴어 또한 나를 이루는 수많은 정체성 중 하나일 뿐이었다. 퀴어라는 것을 인정하고 나니 주변의 소중한 퀴어 모임들이 보였고, 내가 그곳에 안전하게 머물 수 있다는 것을 알게 되었다. 짱똘 멤버들과도 많은 고민을 나누며 퀴어의 다양한 삶, 미래의 모습을 상상해 보았다. 불편함이나 상처 없이 농담을 주고받고, 애써 내 존재를 설득하지 않아도 되는 관계는 그 자체로 큰 힘이 되었다.

특별하지 않은 사람들의
특별한 연애 이야기

우리는 풀이 2학년, 꼬꼬가 3학년이었던 시기에 연인이 되어 졸업할 때까지 학교생활을 함께했다. 둘 다 지정 성별이 여성 이라는 점에서, 우리는 학교에 직접적으로 모습을 드러낸 첫 '퀴어 커플'이었다. 기숙사에서 같은 방을 사용하며 관계가 발 전했으니 제법 특별하긴 하다. 학교 구성원들은 갑작스레 나 타난 퀴어 커플을 어떻게 대해야 할지 몰라 우왕좌왕했지만, 정작 우리의 관계는 여느 이성애 연애와 크게 다르지 않았다. 커플이 된 우리는 퀴어 청소년들의 연애에 대해 알고 싶었지 만, 당사자의 이야기는 거의 찾을 수 없었다. 차별인 듯 아닌 듯 미묘한 상황이 찾아왔을 때 어떻게 대처해야 하는지, 아우팅을 피하기 위해서는 어떻게 해야 하는지 등을 물어볼 수 있는 곳이 없었다. 우리의 경험이 다른 퀴어 청소년들이 연애 관계를 맺을 때 참고할 수 있는 하나의 예시가 되면 좋겠다. 지금부터 우리의 특별한, 아니 어쩌면 특별하지 않은 이야기를 풀어 보려 한다.

차별의 틈을 파고들다

연애를 시작할 때 우리는 연인 관계임을 주변에 알리지 않기로 했다. 꼬꼬는 이미 전교생에게 커밍아웃한 오픈리 퀴어였지만, 풀은 커밍아웃은커녕 정체화에 대한 고민도 시작하기 전이라 혹시 모를 위험에 대비해야 했기 때문이다. 학교에는 퀴어 혐오가 잘못된 일이라 생각하는 사람들이 적지 않았다. 그러나 그런 인식이 내 주변에도 퀴어가 존재할 수 있다는 생각으로 이어지지는 않았다. 퀴어의 존재를 지운 학교의 문화는 매우 이성애 중심적이고 성별 이분법적이었다.

　　이성애 중심적인 문화가 가장 직접적으로 드러나는 현장은 학교 행사였다. 본래 4·19혁명을 기리는 의미에서 다 함께 손을 잡고 뛰던 4·19 마라톤 행사는, 어느새 여성과 남성이 짝이 되어 손을 잡고 달리는 연애의 장으로 변질되었다. 벚꽃이 만개하고 몽글몽글한 사랑 노래가 흐르는 4월에는 로맨틱한 분위기가 만들어지기 때문일 것이다. 4·19 마라톤을 함께 뛰자는 제안은 암묵적인 사랑 고백이라 여겨졌다. 함께 뛸 이성 파트너가 없는 사람은 자연스럽게 불쌍한 사람이 되었다. 그 외에도 신입생 환영회나 담력 체험 같은 행사에서도 짝을 지어야 할 때면 꼭 이성끼리 짝을 짓도록 했다.

우리 학교는 규모가 작아서 누군가 연애를 시작하면 빠르게 소문이 퍼졌다. 우리 연애도 마찬가지였다. 연애를 시작하고 얼마 지나지 않아 우리는 전교생이 다 아는 '커플'이 되었다. 꼬꼬가 이미 퀴어임을 드러냈기에 우리의 스킨십은 친구 간의 스킨십과 다르게 인식되었던 것 같다. 둘 사이에 흐르는 미묘한 기류를 알아챈 건지, 우리가 직접 밝힌 적도 없는데 다들 우리를 연인이라 생각했다. 사실 24시간 함께 생활하는 학교에서 연애를 숨기는 것은 불가능하다. 만약 기숙사가 아닌 집에서 통학하는 학교였다면 학교에서는 모르는 척, 아닌 척하다가 하교 후 만나서 데이트를 즐길 수 있었을지도 모르겠다. 그러나 내내 친구들과 붙어 사는 기숙사에서는 당당하게 연애하는 것 말고는 방법이 없었다.

우리는 '퀴어 커플'이라는 것을 십분 활용해 교내 연애를 즐겼다. 가장 좋은 점은 기숙사를 함께 쓸 수 있다는 것이었다. 청소년은 눈치 보지 않고 자유롭게 데이트하기도 어려운 사회에서 매일 같은 기숙사에서 산다는 건 정말 즐거운 일이다. 먼저, 함께 밤을 새거나 밤늦게까지 시간을 보낼 수 있다. 여자 기숙사에서는 취침 당번에게만 말해 두면 기숙사 안에 있는 공용 공간에서 친구들끼리 늦게까지 수다를 떨거나 낮에 다 마치지 못한 일을 할 수 있었다. 우리는 그 시간을 활용해 밤늦게까지 일상을 공유했다. 해야 할 일을 하거나 간식을 나눠 먹으며 밤새 대화를 나눴다. 한번은 시간 가는 줄 모르고 수다를 떨다가 밤을 꼴딱 새 버려서 창문 밖으로 떠오르는 해를 함께 본 적도 있다.

기숙사에서 우리가 가장 좋아했던 공간은 별방이었다. 분리수거장 옆에 있고 야외라 사람들이 잘 사용하지 않는 공간이었지만, 우리에게는 아지트와 같은 곳이었다. 집에서 가져온 돗자리를 바닥에 깔고 누워 이불을 덮으면 그만큼 마음이 편안해지는 순간이 없었다. 하고 싶은 이야기가 많은 날이면 함께 별방에 앉아 늦게까지 수다를 떨고, 주말에는 마트에서 라면을 사 와 먹기도 했다.

기숙사 2층은 복층 구조로 방마다 작은 다락방이 있었다. 한 명이 다락방을 쓰고, 나머지 사람들은 아래층을 함께 사용하는 구조였다. 다락방은 혼자만의 공간을 확보할 수 있다는 장점이 있지만, 겨울에는 난방이 안 되는 데다가 찬바람이 들어오고, 여름에는 무지하게 덥다는 단점이 있었다. 우리는 어느 계절이든 다락방을 사수하려고 애썼다. 눈치 보지 않고 편하게 함께 시간을 보낼 공간이 필요했기 때문이다. 주말 이틀을 함께 편히 보내기 위해 여름에는 평일 내내 땀을 뻘뻘 흘리며 자고, 겨울에는 패딩과 갖가지 옷을 껴입고 자며 추위를 견뎠다. 고생 끝에 함께 보내는 주말은 더없이 달콤하고 행복했다. 그곳을 작은 원룸처럼 꾸며 놓고 간식을 먹으며 영상을 보거나 누워서 수다를 떠는 등 홈 데이트 못지않은 기숙사 데이트를 즐겼다.

비밀의 방은 출입 금지

우리는 사람들의 필요에 따라 커플로 인식되기도 했고, 그러지 않기도 했다. 기숙사의 공용 공간에는 커플들의 전유물처럼 사용되는 곳이 하나 있었다. '비밀의 방'이라 불리던 그곳은 뻥 뚫린 다른 공간들과 달리 동떨어진 곳에 있었고 문도 있어서 오붓하게 시간을 보낼 수 있었다. 다들 그 방을 쓰고 싶어 눈치 싸움을 하다 보니, 이용 시간을 조율하기 위한 '커플 채팅방’이 만들어졌다. 각 커플의 여성들이 채팅방에 들어가 날짜를 정했다고 들었다. 헤어지면 채팅방에서 나가고, 연애를 시작하면 초대되는 방식이었다. 우습게도 그 채팅방에 우리는 초대되지 않았다. 아니, 당시 우리는 그 방의 존재조차 모르고 있었다. 학생들이 우리를 커플로 인식하지 않았기 때문이다. 아마 초대를 받았더라도 그 문화에 동참하지는 않았을 것이다. 어떤 공간을 연인들만의 전유물처럼 사용하는 것도 이상하고, 우리에게는 그곳 말고도 만날 공간이 많았으니까. 하지만 이런 사소한 순간마다 사람들이 우리를 ‘보통’의 커플과 다르게 생각한다는 것을 느꼈다.

그런 우리가 커플로 ‘인정받는’ 순간도 있었다. 우리 학교 기숙사는 한 달에 한 번씩 룸메이트를 바꾸는데, 룸메이트를 구성할 때 사이가 좋지 않은 관계나 가족끼리는 같은 방을 쓰지 않도록 분리하는 암묵적인 규칙이 있었다. ‘커플’은 고려 대상이 아니었지만, 우리가 나타난 뒤로는 상황이 달라졌다. 연인이 같은 방을 쓰게 할 수는 없었는지 연애를 시작한 후로 우리는 단 한 번도 같은 방을 쓰지 못했다. 친한 선후배 사이라고 룸메이트가 되지 못하도록 하는 법은 없었기 때문에 이럴 때는 우리를 ‘커플’로 인식하는 것이 분명했다.

우리를 불편하게 여기는 시선도 종종 마주했다. 아직까지

   1부 나의 색깔을 찾아서

기억에 남는 일화가 하나 있다. 기숙사에서 진행하는 성 간담회에서 누군가 "기숙사 안에 동성 커플이 있는 게 불편하다"라고 이야기했다. 요지는 이러했다. 기숙사에는 아무리 늦어도 12시에는 공용 공간에서 나와 각자의 기숙사로 돌아가야 한다는 규칙이 있었다. 너무 늦게까지 공용 공간을 사용하면 사감 선생님들이 쉬지 못하기 때문이었다. 늦은 시간까지 이곳을 이용하는 학생은 대부분 이성 커플이었는데, 그들은 마치 신데렐라처럼 자정이 되면 각자의 기숙사로 돌아가야 했다. 하지만 우리는 둘 다 여자 기숙사에 있으니 그 규칙과 상관없이 마음껏 함께 시간을 보낼 수 있었다. 누군가는 그게 마음에 들지 않았던 모양이다. 동성 커플만 그런 '특권'을 갖는 게 불편하다고 했다.

그러나 우리가 여자 기숙사 안에서 만날 수 있었던 것은 사실 꼬꼬가 자신의 논바이너리 정체성과 상관없이 지정 성별에 따라 '여자' 기숙사에서 살아야 했기 때문이다. 꼬꼬로서는 정체성을 제대로 인정받지 못한 차별적인 상황이었는데 그것이 '특권'이라는 말로 돌아오다니 웃어야 할지, 울어야 할지. 자신이 일상에서 누리는 특권과 편리함은 인식하지 못한 채 이른바 '역차별' 논리를 꺼내는 사람들이 너무나 편협하고 이기적이라는 생각이 들었다.

학교에서 동성 커플이라 겪은 또 한 가지 어려움은 양육자에게 아우팅되지 않을까 하는 걱정이었다. 학교 프로그램 중에는 양육자들이 참여하는 활동이 종종 있었다. 그럴 때마다 양육자들은 학교에 오지 못한 다른 양육자들을 위해 학생들의 사진을 찍어 공유하곤 했다. 자녀를 만나러 오지 못한 사람들을 위한 배려였겠지만, 문제는 사진에 찍힌 당사자들의 동의 없이 사진이 공유된다는 것이었다. 24시간 생활하는 공간에서 언제 나의 사진이 찍혀 양육자들에게 공유될지 모른다는 생각은 우리를 매우 불안하게 했다. 방심하고 있다가 아우팅될 위험이 있었기 때문이다. 마음의 준비가 되지 않은 상태에서 타인에 의해 우리 관계가 드러나는 것은 무서운 일이었다. 우리가 공개적으로 연애를 하는 것과 모르는 사이에 우리 사진이 양육자들에게 퍼지는 것은 전혀 다른 문제였다.

퀴어로 산다는 것

학교 밖에서 경험한 재미있는 일화도 많다. 한번은 지하철에서 평소처럼 나란히 앉아 있었다. 반대편에 성경과 십자가 목걸이를 들고 있는 사람이 있었는데, 우리가 손잡고 어깨에 기대는 모습을 보더니 눈동자가 막 흔들리기 시작했다. 그 사람

     1부 나의 색깔을 찾아서

은 내리기 전까지 십자가를 꽉 쥔 채 간절하고 불안한 표정으로 중얼중얼 혼잣말로 기도를 했다. 우리 때문이라는 게 너무나 분명하게 보여 웃음을 참기 어려웠다. 우리의 존재가 누군가를 이렇게까지 불안하게 할 수 있다니.

퀴어들은 이런 불편한 시선을 일상적으로 받는다. 길거리에서 손을 잡거나 상대의 어깨에 팔을 두르면 은근한 시선이 느껴진다. 긴가민가하며 보는 사람도 있고, 신경 안 쓰는 척하며 보는 사람도 있다. 그들이 우리를 비난하거나 공격할까 봐 무서울 때도 있다. 흔히 '데이트 코스'라고 불리는 곳에 가면 더 신경이 쓰인다. 불편한 시선을 받기 싫어서 '커플 반지 만들기' 등 커플을 위한 체험은 해 본 적이 없다. 우리는 커플임을 꽤 드러내는 편인데도 이런 일들에 머뭇거리게 된다.

학교를 졸업하고 새로운 사람들을 만나며 우리의 존재를 얼마나, 어디까지 드러낼지 고민하는 순간이 많아졌다. 새로 사귄 친구에게 커밍아웃을 해야 할지, 한다면 언제 해야 좋을지 같은 것들을 말이다. 특히 "남자 친구 있어요?" 같은 질문에 대답해야 할 때가 그랬다. 몇 번은 그냥 "네"라고 대답했는데, 그때마다 거의 항상 "군대는 갔다 왔어요?"라는 질문이 돌아왔다. 20대 초반이라는 나이 때문일 것이다. 군대에 대해서는 한 번도 생각해 본 적 없던 우리는 대충 얼버무릴 수밖에 없었다. 그런 경험을 한 뒤로 어떻게 답할지 각본을 짜 본 적도 있다. 하지만 치밀하게 거짓말을 하는 것도 에너지가 드는 일이었다. 그래서 지금은 남자 친구에 대해 묻지 않도록 초반에 커밍아웃을 해 버리거나 연애를 안 하고 있다고 이야기하는 등 각자만의 방식으로 이런 상황에 대처하고 있다.

퀴어 커플의 이야기가 아닌 꼬꼬와 풀의 이야기

언젠가 한번은 다른 학교에 동성 커플이 있다는 소문이 돌았다. 우리 학교 학생 중 누군가가 교류 프로그램으로 그 학교에 갔는데, 거기서 실제로 동성 커플을 봤다는 이야기가 퍼진 것이다. 그 커플에 대한 평가라기보다는 단순히 그 학교에 동성 커플이 있다는 내용이었지만, 만약 다른 학교 학생이 우리 학교에 오면 그쪽 학교에도 우리 둘의 이야기가 소문으로 떠돌겠다는 생각이 들었다. 이처럼 퀴어 커플은 연애를 한다는 사실만으로도 눈에 띄고, 입에 오르내리는 존재가 되곤 했다.

우리의 연애가 남다르게 받아들여지고, 그래서 이런 글을 쓰고 있다는 것 자체가 좀 이상한 일이라는 생각이 든다. 우리의 일상은 다른 커플들과 크게 다르지 않기 때문이다. 그저 서로 좋아하고 마음을 나누는 관계다. 다른 점은 젠더뿐이다. 연

　　　　　　　　　　　　　　　1부 나의 색깔을 찾아서

애를 시작했을 때부터 졸업할 때까지 학교에 드러난 퀴어 커플은 우리뿐이었다. 그래서 우리의 존재는 그 자체로 특별한 의미가 되었다. 우리의 행동이 모든 퀴어를 대표하는 것처럼 보일까 봐 조심스러운 순간도 있었다. 이 글도 대안학교에 다니는 모든 퀴어 커플 혹은 퀴어 청소년 커플을 대표하는 것처럼 보이지는 않을까 걱정이 된다.

세상 모든 사람에게는 저마다의 이야기가 있다. 그 각각이 다르듯이 우리도 그저 하나의 이야기일 뿐이다. 우리의 경험이 '특별한 이야기'가 되는 것은 우리를 '특별하게 만드는' 세상 때문이다. 지금도 많은 퀴어 청소년들이, 또 퀴어가 아닌 청소년들이 어딘가에서 연애를 하고 있다. 자신의 존재를 숨기고 있을 수도 있고, 당당히 드러내고 있지만 당신이 알아채지 못하고 있을 수도 있다. 그들은 그렇게 지금도 어딘가에서 살아가고 있다. 학교에 더 많은 퀴어 커플이 생기기를, 우리의 존재가 특별함이 아니라 일상이 되기를 소망한다. 청소년의 연애가, 퀴어의 연애가 더 당당히 세상에 드러나기를 바란다.

관계와 문화

우리 사회에서 청소년은 자신의 의지와 상관없이 분류되고 정의되는 경험을 합니다. 학교나 학년에 따라, 가정 내 위계에 따라, 혹은 지정 성별에 따라 자리나 역할이 정해지고 지켜야 할 규범들이 부여되지요. 그 나이, 그 성별에 어울리는 언어가 있다고도 여겨집니다. 특히 퀴어 청소년은 마치 없는 사람처럼 배제당하거나 정체성을 부정당하는 상황에 놓이는 일이 많습니다.

퀴어 청소년을 배제하고 무시하는 사회는 어떻게 변화해야 할까요? 우리가 살아가는 세상은 어떻게 달라져야 할까요? 퀴어 청소년이 안전하고 행복하게 살아갈 수 있는 세상을 상상해 보았습니다.

한국 사회에서는 나이에 따라, 성별에 따라 다른 호칭을 사용합니다. 언니, 누나, 형, 오빠와 같은 호칭 말이에요. 이름 뒤에 ○○ 양, ○○ 군을 붙여 부르기도 합니다. 나보다 나이가 많은 사람에게는 존댓말을 써야 하고, 반대로 나이가 같거나 어린 사람에게는 반말을 쓰지요. 혹시 이런 호칭과 언어를 사용하는 것이 이상하다고 생각해 본 적 있나요?

언니, 누나, 형, 오빠 가운데 어떤 호칭을 사용할지는 나와 상대방의 성별에 따라 달라집니다. 여기에는 여성과 남성이라는 성별만이 포함되지요. 그렇다면 논바이너리 정체성을 가진 사람은 어떤 호칭을 사용해야 할까요? 퀴어 정체성을 숨기고 있는 트랜스젠더라면? 나와 상대방의 성별을 특정하지 않고는 상대를 부르는 일조차 어렵습니다. 존댓말과 반말은 어떤가요? 나이가 많은 사람에게는 존댓말, 즉 '높임말'을 사용합니다. 그런데 정말 나이가 많은 사람은 '높은' 사람인가요? 반대로 나이가 적은 사람은 '낮은' 사람인가요?

이처럼 성별이나 나이에 따라 다른 언어를 사용하는 것은 그 자체로 차별이 될 수 있습니다. 성별과 나이 모두에서 약자가 되기 쉬운 퀴어 청소년의 경우에는 이런 언어의 장벽 때문에 소외되고, 미숙하거나 부족한 사람으로 여겨지기도 합니다.

이러한 문화를 바꾸려면 어떻게 해야 할까요? 언니, 누나, 형, 오빠 같은 호칭 대신 별명이나 이름을 부르는 방법이 있습니다. "○○ 언니"보다는 "○○"이라고 부른다거나 꼬꼬, 풀, 유랑 같은 별명을 사용하는 것입니다. 존댓말이나 반말 대신 평어를 사용하는 방법도 있습니다. 평어는 다른 말로 '예의 있는 반말'이라고 부릅니다. "~ 했어. 이런 건 어때?"처럼 반말을 기본으로 하지만, 서로를 배려하며 대화하는 방식입니다. 특히 어린이와 어른, 학생과 교사 사이에서 평어를 사용한다면 더 편안한 마음으로 대화할 수 있을 뿐만 아니라 서로 생각을 공유하기도 수월할 것입니다. 평어가 어렵다면 서로 존댓말을 사용하는 것도 좋습니다. 어른이 어린이, 청소년에게 존댓말을 사용한다면 나이에 따른 위계와 격차를 줄이고 동등한 주체로서 대화에 참여할 수 있습니다.

❷ 이성애 연애를 전제로 하지 않는 대화

친구들과의 대화에서 절대 빠지지 않는 주제가 있다면 '연애'일 것입니다. 누가 누구를 좋아하고, 누가 누구랑 사귀는지 혹은 헤어졌는지는 늘 흥미로운 이야깃거리이지요. 퀴어들은 종종 자신의 정체성과 상관없이 "남자 친구(여자 친구) 있어?", "좋아하는 여자(남자) 있어?" 같은 질문을 받습니다. 그럴 때면 정말 난감한 기분이 듭니다. 없다고 하면 재미없는 사람이 되는 것 같고, 있다고 하면 거짓말을 하게 되는 것이니까요. 누군가 사진이라도 보여 달라고 하면, 혹은 더 자세한 것을 물어보면 새로운 변명과 거짓말이 계속해서 만들어집니다. 정체성을 숨기려 애쓰다 끝나 버린 대화는 재미도 없습니다.

이런 대화를 나눌 때, 함께 대화에 참여하고 있는 사람 중에 이성애자가 아닌 사람이 있을 수도 있다는 생각을 해 보면 어떨까요? "남자 친구(여자 친구) 있어?"라는 질문을 "애인 있어?"로 바꾸기만 해도 됩니다. 다른 한편으로는 연애에 관심 없는 사람을 재미없는 사람 취급하지 않고, 상대방이 원하지 않는 질문은 하지 않는 태도도 필요합니다. 대화에 참여하고 있는 사람 중에 퀴어가 없더라도 말이에요. 그중에는 정체성을 밝히지 못하고 있는 사람이 있을 수도 있고, 아직 정체성을 깨닫지 못했거나 주변에 퀴어 친구가 있는 사람이 있을지도 모릅니다. 우리 모두가 똑같은 사람이 아니라는 것을, 다양한 몸과 정체성, 생각을 가진 사람들이라는 것을 기억하다면 더욱 좋은 대화를 나눌 수 있을 것입니다.

우리 사회는 연애나 결혼 등을 통해 누군가와 짝을 짓는 일을 지나치게 권장합니다. '솔로'라는 말을 부정적인 의미로 쓰고, 태어나서 한 번도 연애를 해 보지 못한 사람을 '모태 솔로'라며 놀리기도 합니다. 짝이 없는 사람은 마치 능력이 없거나 매력이 없는, 어딘가 모자라거나 문제가 있는 사람처럼 바라봅니다. 그들은 불행할 거라 짐작하고요. 그러나 정말 짝을 찾아야만 행복한 걸까요? 혼자 있는 사람은 외롭고 불행할까요?

모든 사람이 누군가와 로맨틱한 관계를 맺거나, 연애와 스킨십을 하기를 바라지는 않습니다. 타인에게 로맨틱한 감정을 느끼지 않는 사람도 있고, 그런 감정은 느끼지만 스킨십은 원하지 않거나 반대로 로맨틱한 감정 없이 스킨십만 원하는 사람도 있습니다. 감정을 느끼는 정도도 다양하고, 상황이나 상대에 따라 독점적인 연애 관계를 맺거나 동시에 여러 사람과 로맨틱한 관계를 맺기도 합니다. 자신을 무성애자라고 표현하는 사람도 있고요. 자신의 취향이나 정체성을 다른 사람에게 알리는 사람도 있고, 알리지 않는 사람도 있습니다.

이렇듯 우리 사회에는 다양한 존재들이 함께 살아가고 있습니다. 따라서 어떤 형태의 관계만을 '정상'이라고 보고, 거기서 벗어난 사람은 불행하거나 불쌍하다고 여기는 문화는 없어져야 합니다. 혼자여도, 함께여도 행복한 세상이 되기를 바랍니다.

❹ 자유로운 자기표현

교복을 입어야 하는 학교가 많습니다. 남자는 바지, 여자는 치마를 입어야 합니다. 일할 때 입는 유니폼도 성별에 따라 다른 경우가 많습니다. 피어싱이나 화장을 금지하는 곳도 있고요. 특히 청소년에게는 '학생은 학생다워야 한다'며 단정한 옷차림과 머리 모양을 요구합니다. 피어싱이나 염색을 한 청소년은 '불량하다'는 편견을 맞닥뜨리기 쉽지요. 어른들도 마찬가지입니다. 특이한 옷을 입거나 타투를 하거나 성별 혹은 나이와 어울리지 않는다고 여겨지는 스타일을 추구하면 '이상한' 사람이라고 생각합니다. 마치 외모에 정답이 있는 것처럼요.

자유로운 자기표현은 자신의 존재를 긍정하는 데 매우 중요한 역할을 합니다. 자신을 있는 그대로 드러내고, 그 자체로 존중받는 경험은 자신의 정체성을 긍정하고 받아들이는 데 도움이 됩니다. 무엇보다 우리는 자신의 몸을 마음대로 할 자유가 있습니다. 어떤 옷을 입든, 어떤 화장을 하든, 체격이 크든

작든, 옷이나 머리 모양이 어울리든 아니든, 타투를 하든 피어 싱을 하든 다른 사람의 원치 않는 시선이나 지적을 받지 않아야 합니다. 나의 몸은 나의 것이고, 그 누구도 나의 몸을 함부로 판단하거나 부정할 수 없습니다. 같은 이유로 남의 몸에 대해 함부로 판단하지 말아야 하고요. 누구나 자유롭게 자기표현을 할 수 있다면 우리는 좀 더 다채롭고 재미있는 세상에서 살아갈 수 있을 것입니다.

짱똘을 던졌더니
학교에도 무지개가
2부

학교에
성 중립 화장실 만들기

나의 젠더 디스포리아

초등학생 때 나는 항상 '남자 같은' 옷을 입고, 스냅백 모자를 뒤로 쓰고 다니는 학생이었다. 쉬는 시간이면 남자 친구들과 축구를 즐겨하고, 체육 시간을 좋아하는 '남자 같은 여자애'였다. 그렇다고 여자 친구들과 친하지 않은 것은 아니었지만, 그 나이대의 여학생들이 관심 가질 만한 것들에 크게 관심이 없었다. 그래서인지 선생님들이나 양육자들은 나에게 '멋지다'는 칭찬을 주로 했다.

하지만 엄마는 나에게 항상 '예쁜' 옷을 입히고 싶어 했다. 내가 아주 어렸을 때는 직접 옷을 만들어 입히기도 했을 만큼 엄마는 딸을 예쁘게 꾸미는 데 관심이 많았다. 안타깝게도 나는 늘 그런 엄마의 요구를 완강히 거부하고 편한 옷을 선택했다. 아침마다 옷 때문에 실랑이를 벌였다. 그러다 보면 마지못해 엄마가 선택한 옷을 입게 되는 날도 있었다.

하루는 초록색 꽃무늬 원피스를 입고 학교에 갔다. 평소 내 스타일을 아는 친구들과 선생님들은 "이렇게 입으니까 얼마나 예뻐, 잘 어울리네"라며 칭찬을 하고, 자주 이렇게 입고 다니라며 호들갑을 떨었다. 물론 어색하다며 놀리는 친구들도 있었지만, 그날 나는 예쁘다는 칭찬이 너무나 불편하고 거북했다. 그 칭찬이 나의 것이 아닌 것만 같았다. 치마를 입은 내 모습이 마치 다른 사람으로 변장한 것처럼 느껴졌고, 거울에 비친 내가 기괴한 인형 같아 보였다. 그때는 왜 그런 기분이 들었는지 명확히 설명할 수 없었지만, 그날의 그 불쾌하고 거북한 느낌 때문에 이후로는 치마에 거부감을 가지게 되었다.

대안학교에 입학하고 스스로를 논바이너리라고 정체화하면서 그동안 느껴 왔던 이상한 감정에 '젠더 디스포리아'라는 이름을 붙일 수 있게 되었다. 젠더 디스포리아는 자신의 젠더가 지정 성별과 일치하지 않을 때 겪는 성별이나 성 역할에 대한 불쾌감, 불일치 감정을 말한다. 돌이켜 생각해 보면 그전에도 일상에서 디스포리아를 느끼고 있었다. 여자와 남자를 나누어 줄을 세울 때, '여성스러운' 옷을 입으면 예쁘다는 칭찬을 들을 때, 체육 시간에 남자들은 축구를 하고 여자들은 피구를 할 때(이건 성별 이분법적일 뿐 아니라 성차별적이기까지 하다)처럼 일상의 사소한 순간들에 불편한 감정을 느꼈다. 너무 사소해서 불편하다기보다는 걸리적거린다는 표현이 더 어울리지 않을까 싶은, 스쳐 지나가는 작은 순간들. 그동안은 남들도 다 그럴 거라 생각하며 살아왔는데, 모두가 이런 감정을 느끼는 건 아니라는 것을 알게 되었다. 그런 불편하고 불쾌한 감정은 나를 논바이너리로 정체화하고 사춘기를 겪으며 더욱 커졌다.

사람들이 나를 당연하다는 듯 여성으로 인식하는 것, 그래서 여자 화장실이나 여자 기숙사를 사용해야 한다는 것이 이상하게 느껴졌다. 나 자신이 아닌 다른 누군가를 연기하며 살아가는 것 같았다. 사람들은 젠더를 여성과 남성으로 구분하는 것을 당연하게 생각했고, 그 밖의 다른 젠더가 존재할 가능성은 떠올리지 못했다. 미용실에 가서 짧은 머리로 해 달라고 부탁하면 "그래도 여자니까, 여성스럽게 잘랐어요"라며 마음대로 판단하고, 나의 의사와 상관없이 언니나 누나라는 호칭을 사용하고, 이름 뒤에 '양'을 붙이고, "여자가 스타일이 그게 뭐냐"라며 핀잔을 주는 사람들…….

짧은 머리와 옷 스타일 때문에 나는 때때로 성별을 짐작하기 어려운 사람으로 인식되곤 한다. 나를 남성이라 생각하거나 성별을 짐작하지 못하다가 내 목소리나 체형, 이름 등을 통해 여성이라는 걸 알게 되는 순간, 눈빛이나 태도가 변하는 사람들을 많이 마주한다. 이를테면 공중 화장실에서 "여기 여자 화장실이에요", "네?", "아, 아무것도 아니에요"로 이어지는 대화, 혹은 길거리에서 빠르게 내 모습을 훑어본 뒤 "아가씨" 하며 말을 걸어오는 사람들. 상대방이 나를 여성이라고 인식할 때마다 구역질이 나는 느낌이었다. 그렇다고 매번 커밍아웃을 할 수는 없는 노릇이라 그냥 웃어넘길 수밖에 없었다.

나의 정체성을 밝히기 위해서는 세상 모든 사람이 남성과 여성으로만 구분되지는 않는다는 것부터 설명해야 했다. '젠더'의 개념과 성별 이분법으로 규정할 수 없는 존재들에 대해 아무리 열심히 설명한다 해도 상대가 잘 이해하고 수용할지는 미지수였다. 커밍아웃할 때마다 상대를 납득시켜야 할 것 같았다. 그럴 때면 논바이너리라는 내 정체성 자체가 이상하게 느껴졌다. 마치 내가 세상에 있지도 않은 이상한 논리를 가져와 우기는 사람이 된 것 같았다. 사이비 종교 같은 것에 현혹된 사람을 보듯 나를 바라보는 사람들, '무슨 말 같지도 않은 소리야'라고 쓰여 있는 듯한 그들의 표정이 나를 괴롭게 했다.

여성으로 태어난 내 몸이 너무 싫었다. 옷을 입으면 가슴이 볼록하게 튀어나오는 게 거북했다. 브래지어를 하는 것도, 브래지어를 한 내 몸을 보는 것도 힘들었다. 그렇다고 압박 붕대를 하거나 가슴을 가리는 것은 어딘가 무서웠다. 그맘때쯤 처음으로 월경을 했다. "이제 진짜 여자가 된 것"이라는 말을 들었다. 내가 여성의 몸에서 절대로 벗어날 수 없다는 것을 확인받는 기분이었다. 나에게 여성의 몸과 논바이너리 정체성이 동시에 존재한다는 것이 혼란스러웠다. 나는 왜 여성으로 태어났을까 원망하면서도, 만약 여성으로 태어나지 않았다면 남성이라는 성별을 부여받았을 텐데 그것은 또 그것대로 절망적이었다.

여성도 남성도 아닌 젠더는 존재하지 않는다는 차별주의자들의 주장을 자주 떠올렸다. 그렇지만 아무리 생각해 봐도 논바이너리는 결코 부정할 수 없는 나의 정체성이었다. 벗어날 수도, 무시할 수도 없었다. 불쾌감이 계속되니 성별을 드러내야 하는 상황을 피하게 되었다. 화장실 가는 횟수를 줄이기 위해 물을 잘 마시지 않았고, 몸매가 드러나지 않는 아주 큰 옷을 입었다. '여성적'으로 보이는 화장이나 액세서리를 일부러

피했다. 젠더 디스포리아는 나 자신을 부정하게 했다.

성 중립 시설이 필요해

다행히 커밍아웃 이후 많은 것이 변했다. 성별 이분법이 당연한 것이 아님을 주변 사람들이 인식하기 시작하니, 내가 일상에서 느끼던 작은 불편함이 상당 부분 줄어들었다. 많은 사람들이 나의 정체성을 알고, 이를 받아들이기 위해 노력하고 있다는 사실만으로도 외로움과 고립감이 덜해졌다. 내 경험과 감정을 완벽하게 공유할 수 있는 사람은 여전히 없었지만, 그래도 내게 공감해 주는 짱똘이 있어 정신적으로 큰 의지가 되었다.

그러나 정신적 지지만으로는 바뀌지 않는 것이 있었다. 화장실, 기숙사 같은 시설이었다. 커밍아웃을 하며 이런 시설을 사용할 때 불편하다는 점을 짚긴 했지만, 그렇다고 단번에 변하기를 기대할 수 있는 부분은 아니었다. 다들 어쩔 수 없다고 생각하는 듯했고, 나도 어느 정도는 그렇게 생각했다. 돈과 시간, 그리고 교사회와 학생회, 양육자 모두의 동의가 필요한 일이었기 때문이다. 전교생이 나의 정체성을 알고 있었지만 나는 여전히 하루에도 몇 번씩 여자 화장실에 가야 했다. 화장

　　　　2부 짱똘을 던졌더니 학교에도 무지개가

실에 갈 때마다 마주하는 치마 입은 분홍색 캐릭터가 지긋지긋하게 싫었다. 그 은은한 불쾌감이 나의 디스포리아를 끊임없이 자극했다.

그러던 중 우연히 외국의 한 대학에서 성 중립 화장실을 도입했다는 기사를 보았다. 말 그대로 성별 구분 없이 사용하는 화장실이었다. 이게 바로 나에게 필요한 것이라는 생각이 들어서 관련 정보를 찾아보기 시작했다. 한국에서는 아직 낯선 일이었지만 성 중립 화장실을 이미 만들어 사용하고 있는 나라들이 있었다. 막연하게 화장실이 싫다는 느낌에서 나아가 내가 제안하고 적용해 볼 수 있는 모델이 생긴 셈이었다. 변화의 방향이 보이자 희망이 생겼다. 나는 어떻게든 학교에 성 중립 화장실을 만들겠다고 결심했다.

우리 학교 교육 과정에는 3학년이 되면 1년 동안 논문을 쓰는 활동이 있다. 대학의 연구자들이 작성하는 논문과는 조금 다르게, 관심 있는 주제를 1년 동안 탐구하여 보고서나 프로젝트, 작품 등의 형태로 결과물을 남기는 것이다. 1년이라는 긴 시간 동안 하나의 주제를 깊이 공부하고 연구해 결과물을 만들어 낸다는 점에서 대단히 중요한 교육 과정으로 여겨졌다. 2학년 2학기에 커밍아웃을 하고, 막 3학년이 된 나는 학교에 성 중립 화장실을 설치하는 프로젝트를 논문 주제로 삼기로 마음먹었다.

논문 작성 계획을 발표하는 자리에서 처음으로 '성 중립 시설'이라는 개념을 학교 구성원들에게 소개했다. 그 자리에서 다시 한번 나의 정체성을 밝히며 성 중립 시설이 필요한 이유를 설명했다. 내가 그동안 겪었던 불편함을 이야기하고, 성 중립 시설을 사용하고 있는 선례를 찾아 제시했다. 그러나 당시에 내가 찾을 수 있는 것은 외국의 사례뿐이었다. 한국 사회에서는 여자와 남자가 같은 화장실을 사용한다는 것은 상상하기 어려운 일이었다. 화장실뿐만 아니라 성별 구분 없는 탈의실과 기숙사도 함께 소개했는데, 그 내용이 다소 충격적이었는지 발표를 들은 몇몇 교사와 학생이 강한 반대 의견을 냈다. '현실적으로 불가능하다'부터 시작해 퀴어 혐오가 담긴 의견을 내는 사람들도 있었다. 성 중립 시설을 페미니즘에 반하는 것으로 바라보는 사람도 있었다. 이미 불법 촬영 등의 문제로 화장실을 사용할 때마다 불안감을 느끼는 여성이 많은데, 성 중립 화장실은 그러한 범죄를 부추기는 것 아니냐는 의견이었다.

그 밖에 학생회, 교사회, 양육자들 모두를 설득해야 할 뿐만 아니라 기존의 학교 시설을 완전히 바꿔야 하기 때문에 어려울 것 같다는 등의 피드백을 받았다. 납득 가능한 이야기도

　　　　　2부 짱돌을 던졌더니 학교에도 무지개가

있었지만, 노골적으로 혹은 은유적으로 전해지는 혐오의 말들은 받아들이기 힘들었다. 그간 학생이 논문을 통해 해 보려는 것에 대해서는 학교에서 최대한 도와주려고 하는 분위기가 있었는데, 내 논문에는 이렇게 강한 반대 의견이 쏟아져 나오니 부당하다는 생각도 들었다. 학교에서는 논문으로 한 시도가 결과적으로 실패하더라도 그 과정 자체가 중요하다는 이야기를 누누이 해 왔다. 그런데 나는 시도조차 하지 못하게 하다니 분하고 속상했다. 이 주제를 끝까지 뚝심 있게 밀고 나갔다면 좋았겠지만, 당시의 나에게는 반대를 이겨 내고 끝까지 밀어붙일 에너지가 없었다. 결국 나는 논문 주제를 바꾸고 말았다.

모두를 위한 화장실

그 이후 성 중립 시설의 필요성이 종종 언급되긴 했지만 중요한 문제로 여겨지지 않고 시간이 흘렀다. 성 중립 시설을 필요로 하는 것은 나뿐인 것 같았고, 고작 한 사람의 불편함은 큰 변화를 만들어 내기에는 역부족이었다. 게다가 그간 함께 지내던 재학생들은 졸업을 하고, 신입생과 새로운 교사들이 들어오면서 사실상 나의 커밍아웃은 거의 잊혔다. 짱똘의 활동도 점차 줄어들어 그저 가끔 모여 밥을 먹는 모임 정도가 되었다.

그렇게 성 중립 화장실은 잊혀 가는 것처럼 보였다.

그런데 느닷없이 교사회가 성 중립 화장실을 제안했다. 내가 5학년이었던 2020년의 일이다. 갑작스러웠지만 교사회에서 그런 제안이 나온 데는 나름대로 맥락이 있었다. 우리 학교에서는 생태 화장실을 사용했다. 우리가 싼 똥과 오줌을 모아 거름으로 만들고, 이를 밭에 사용하여 작물을 키워 내 먹는 순환의 의미가 담긴 화장실이었다. 물을 내리는 대신 왕겨를 뿌려 놓아야 하는 냄새나는 화장실이었지만, 생태적인 삶을 중요한 철학으로 삼는 우리 학교의 상징과도 같은 시설이었다. 그러나 식습관의 변화로 거름이 잘 만들어지지 않아 점차 순환의 의미가 사라지고 있었고, 생태 화장실에 대한 거부감으로 입학을 포기하는 학생이 많다는 것이 교사회의 고민이었다.

교사회에서는 고민 끝에 생태 화장실을 없애고, 수세식 화장실을 만들기로 했다. 하지만 학생회와 양육자의 동의를 얻는 것이 쉽지 않았다. 생태 화장실은 이 학교에서 큰 의미를 지니고 있기에 없애기보다는 식습관을 개선하거나 거름 만드는 방식을 바꾸자는 의견이 더 많이 나오는 상황이었다. 그래서 생각해 낸 것이 성 중립 화장실이었다. 학생들 사이에 성 중립 시설이 필요하다는 인식이 있으니 수세식 화장실을 성 중립 화장실로 만들면 반대 의견이 줄어들 거라 생각했던 것이다.

     2부 짱똘을 던졌더니 학교에도 무지개가

그리하여 성 중립 시설을 주제로 한 나의 논문을 반대하던 교사회가 오히려 성 중립 화장실을 제안하는 상황이 되었다.

큰 변화인 만큼 설명하는 자리와 간담회가 여러 차례 마련되었다. 같은 학년끼리 한 번, 학년과 성별을 섞어 한 번 간담회가 열렸다. 생태 화장실을 수세식 화장실로 바꾸는 것, 그리고 성 중립 화장실을 만드는 것에 대해 각자 의견을 냈다. 교사들은 반대 의견을 편하게 내야 도움이 된다며 어떤 의견이든 자유롭게 말해 달라고 했다. 몇몇 교사가 "이런 게 불편하지 않니?", "저런 게 걱정되지 않니?" 하며 대화를 유도하자, 학생들은 "남자랑 여자가 같이 화장실 쓰는 게 불편할 것 같아요", "불법 촬영을 당할까 봐 걱정돼요", "왜 필요한지 모르겠는데요" 같은 의견을 냈다. "그럼 트랜스젠더랑 같이 화장실 써야 되는 거예요?", "우리 학교에는 트랜스젠더도 없는데 이런 게 왜 필요해요?" 같은 노골적인 혐오 표현도 나왔다.

그 간담회에는 트랜스젠더 당사자이자 이 화장실의 필요성을 지속적으로 이야기해 온 나뿐만 아니라 짱똘 멤버들, 그리고 어쩌면 짱똘에 가입하지는 않았으나 퀴어인 학생들, 그 시점에 정체성을 고민하고 있었을지도 모르는 여러 학생들이 함께 참여했다. 퀴어 당사자들은 그 자리에서 나온 노골적인 퀴어 혐오에 그대로 노출될 수밖에 없었다. 교사회에서 성 중립 화장실을 만들어 가는 과정을 깊이 고민하지 않고, 그저 수세식 화장실을 만들기 위한 수단으로만 생각했다는 사실을 분명히 알 수 있었다. 교사들은 트랜스젠더 당사자이자 성 중립 화장실을 제안했던 나에게도, 퀴어 모임인 짱똘에게도 전혀 의견을 구하지 않았다. 전체 구성원들에게 논의를 꺼내 놓기 전에 우리와 먼저 좀 더 섬세하게 고민했다면 이 과정이 교육적으로도 의미 있는 시간이 되지 않았을까?

결국 교사회의 계획대로 성 중립 화장실이 설치되었다. 성별 구분 화장실 각 두 칸, 성 중립 화장실 두 칸, 장애인 화장실 겸 성 중립 화장실 한 칸으로 구성되었고, '모두를 위한 화장실'이라는 이름이 붙었다. 그렇게 태어나 처음으로 성별 구분 없는 화장실을 사용할 수 있게 되었다. 사용해 보니 이전의 성별 구분 화장실이 얼마나 불편했는지를 더 확실하게 느낄 수 있었다. 화장실에 갈 때 아무런 불편함이나 불쾌함이 없었다. 가고 싶을 때 '아무런 생각 없이' 화장실에 간다는 게 얼마나 편리한 일인지 새삼 깨달았다.

처음에는 성 중립 화장실을 이용하는 것이 아우팅으로 이어질까 우려한 몇몇 교사와 학생이 일부러 그곳을 더 많이 이용하기도 했지만 생각보다 많은 사람들이 별다른 거부감 없이 성 중립 화장실을 이용했다. 성별 구분 화장실이 비어 있는

데도 성 중립 화장실에 가는 경우도 많았다. 교실이나 식당 등 학교의 주요 시설에서 가깝고, 성별 구분 화장실보다 더 깨끗하다고 여기는 구성원들이 많았기 때문이다. 시간이 지나면서 성 중립 화장실은 누구나 편안하게 사용하는 공간이 되었다.

변화는 이렇게 시작되는 거야

학교에 성 중립 화장실이 설치된 것은 나의 커밍아웃이 의미 있는 변화가 되어 돌아온 경험이었다. 커밍아웃 이후 3년이 지난 시점의 일이었다. 그 3년이라는 시간에는 학교가 영영 달라지지 않을 수도 있다는 불안과 체념 속에서도 변화를 도모했던 나와 동료들의 노력이 담겨 있었다. 이 일을 통해 우리는 불가능해 보이던 일들도 계속 부딪치고 시도하다 보면 언젠가는 현실이 될 수 있다는 것을 알게 되었다.

솔직히 말해 이 과정이 아주 유쾌하지는 않았다. 교사회의 제안이 퀴어와 소수자를 위한 깊은 고민에서 나온 것이 아니라, 수세식 화장실을 만들고자 하는 목적을 달성하기 위한 것이었기 때문이다. 교사회는 기존의 화장실이 가지고 있던 생태 순환이라는 철학을 퀴어 인권과 함께 가질 수 없는 상황을 만들었다. 생태 화장실을 지키려면 성 중립 화장실에 반대해야 했고, 성 중립 화장실을 원한다면 생태 화장실을 포기해야 했다. 게다가 성 중립 화장실을 만드는 과정에서 퀴어 당사자들은 혐오와 차별에 그대로 노출되었다.

트랜스젠더 퀴어 당사자인 내가 몇 년을 이야기해도 바뀌지 않던 시설이 권력을 가진 교사회가 추진하니 채 1년도 걸리지 않아 설치되었다. 누군가에게 간절히 필요한 어떤 것을 자신의 목적을 달성하기 위해 이용할 수 있다는 것 자체가 엄청난 권력의 작용이었다. 특히 상처가 되었던 것은 "굳이 성 중립 화장실을 만들어야 해?"라는 학생들의 말이었다. 나에게는 삶 전체에 영향을 주는 큰 문제가 그들에게는 아무것도 아니었다. 성 중립 화장실을 만들기 위해 노력한 몇 년의 시간이 '굳이'라는 말로 다 지워지는 것 같았다. 이는 학교 안에서 여전히 퀴어의 존재가 지워지고 있다는 것을 확인하는 일이기도 했다.

짱똘 멤버들은 "원래 변화는 이렇게 시작되는 거야"라며 서로를 위로했다. 모든 변화가 우리가 바라는 방식으로 이루어지지는 않는다고, 그래도 작은 변화가 있었고 그래서 이 안에 우리가 함께 살아가고 있다는 것을 모두가 인식하게 되었다고, 이것을 시작으로 더 큰 변화가 생길 거라고 의지를 다졌다. 생각해 보면 이러한 변화가 가능했던 것은 우리가 끊임없이 우리의 존재를 드러냈기 때문이다. 짱똘이 퀴어의 존재를 드러냈고, 내가 성 중립 시설에 대해 알렸기에 학생들은 그것이 무엇이고 왜 필요한지 인지할 수 있었다. 그리고 학생들이 지속적으로 성 중립 시설을 요구했기에 이전에는 반대 의견을 냈던 교사회에서도 그 필요성을 인정하고 성 중립 화장실 설치를 추진할 수 있었다. 이렇듯 변화는 작은 시도와 용기가 모여 우리도 모르는 사이에 서서히 이루어졌다. 이전에는 상상도 할 수 없었던 성 중립 화장실이 만들어졌다면, 다음에는 더 큰 변화를 상상해 볼 수도 있지 않을까?

우리나라의 모든 공중 화장실을 성별 구분 없는 화장실로 바꿀 수도 있을 것이다. 너무 파격적인 이야기인가? 실제로 몇몇 나라에서는 이미 하고 있는 일이다. 호주에 갔을 때 대부분의 공중 화장실이 휠체어 출입이 가능하고 성별 구분이 없어서 신선한 충격을 받았다. 그런 환경에 익숙해지면서 삶의 질이 나아졌을 뿐만 아니라 내 정체성을 인정받는다는 생각에 자존감도 많이 올라갔다. 화장실 이외에도 게스트 하우스나 여러 명이 한 방을 사용하는 숙소도 성별 구분이 없는 경우가 많았다. 처음에는 조금 놀랐지만, 사용하다 보니 전혀 불편하지 않았다. 성별보다는 공간을 함께 사용하는 사람끼리 존중하고 배려하는 태도가 더 중요했다.

이처럼 세상에는 성별 구분을 허물고 살아가는 사람들이 많다. 이들을 통해 알 수 있듯이 성별을 구분하지 않는다고 해서 세상이 혼돈에 빠지지는 않는다. 옷이나 헤어스타일, 직업 등에서 젠더 규범을 허무는 시도는 이미 많은 곳에서 이루어지고 있다. 이러한 시도가 계속된다면 함부로 성별을 추측하거나 단정하는 문화도 사라질 것이다. 어떤 외모를 하고 있든 "여기 여자 화장실이에요" 같은 말을 불쑥 듣지 않아도 될 것이다.

교사와 학생은 어디까지 연대할 수 있을까

퀴어 청소년이 교사가 되었을 때

초등학교 5학년 무렵 내 성적 지향을 처음 알게 되었다. 그때는 퀴어에 대해서는 아무것도 몰랐다. 동성을 좋아하는 것이 누군가에게는 당연하지 않다는 것도, 사회적 인식이 어떠한지도……. 초등학교에서는 성교육을 받았던 기억이 거의 없다. 보건 시간에 순결 사탕을 받았던 것, 정자와 난자가 만나는 순간부터 출산까지의 과정을 담은 영상을 봤던 것만 기억난다. 한번 있었던 성교육 수업에서는 생명의 소중함에 대한 이야기만

들었다. 누구도 퀴어에 대해 알려 주지 않았다. 그렇게 나는 퀴어에 대해 아무것도 모른 채 친구들에게 좋아하는 언니가 생겼다고 커밍아웃 아닌 커밍아웃을 했다. 동성을 좋아하는 것이 당연했던 나는 친구들의 반응에 충격을 받았다.

'이게 당연한 게 아니라고? 내가 이상한 거라고?'

나는 몰래 인터넷에서 퀴어 커뮤니티를 찾았고, 거기서 알게 된 약간의 정보들로 답답함과 막막함을 겨우겨우 해소해 나갔다. 퀴어 청소년을 비롯한 대부분의 퀴어는 스스로 정보를 찾고 공부하며 자신의 정체성과 지향을 알아 간다. 학교는 배움의 공간이지만, 특유의 보수적이고 사회 규범에 순응하는 분위기 때문에 퀴어에 대해서만큼은 배울 수가 없다. 나를 탐색하고 정체화하는 과정에서 타인의 도움이나 구체적인 정보를 얻기 어렵기 때문에 혼란의 시기가 길어지기도 한다.

퀴어 청소년이었던 내가 교사가 되어 돌아온 학교는 대안학교였기 때문에 수업 개설이 상대적으로 자유로웠다. 대안학교에서는 자격이나 전문성과 별개로 교사의 관심사에 따라 다양한 수업을 실험적으로 열 수 있다. 2017년, 나는 교사회에 커밍아웃을 한 뒤 퀴어 수업을 하기로 마음먹었다. 당시 학교에는 성교육 과정이 있었으나 1차시 교육으로 간단하게 진행했고, 퀴어에 대해서는 전체 6년의 교육 과정 가운데 2학년에서 짧게 다룰 뿐이었다. 별도의 프로젝트 수업에서 해당 학년이 '퀴어'를 주제로 고르지 않는 한 그에 대해 배울 수 있는 과정이 없는 상황이었다.

나의 첫 퀴어 수업

수업 이름을 'LGBTAIQ+'로 정한 뒤 내용을 구성하고 준비하는데 생각보다 훨씬 더 막막했다. 나는 퀴어이긴 하지만, 퀴어 관련 교육을 받아 본 적이 없었다. 또한 시스젠더인 나에게는 다양한 성별 정체성이 낯설게 느껴졌다. 수업을 준비하던 초기에는 성별 정체성과 성적 지향의 종류, 개념을 하나하나 외웠다. 그러다 아차 싶었다. 내가 이 수업을 하고 싶었던 것은 퀴어 당사자에게 정보를 주기 위해서이기도 했지만, 더 근본적으로는 공동체 구성원들의 퀴어 감수성을 높이고 싶었기 때문이다.

그때 우리는 두 가지로만 나뉜 성별과 이성애, 유성애가 전부라고 생각하는 사회에서 살고 있었다. 지금은 미디어를 통해 다양한 정체성을 가진 존재들을 접할 수 있지만(물론 그 존재들을 지나치게 타자화하는 콘텐츠가 여전히 더 많다), 당시는 그런 정보가 부족했고 다른 존재를 인식하더라도 마치 없는 것처럼, 아닌 것처럼 지내야 했다. 학교도 마찬가지였다. 그래서 성별 정체성과 성적 지향을 개념적으로 알려 주는 것에서 더 나아가 다양한 정체성이 함께 어우러져 살아가는 감각을 키우는 시간을 만들고 싶었다.

나는 시스젠더 레즈비언인 퀴어 당사자이자 트랜스젠더 퀴어의 앨라이이기도 했다. 내가 청소년기에 퀴어가 아닌 친구들, 그리고 퀴어인 친구들과 다양한 관계를 맺으며 얻은 감각들을 수업에서 나누고 싶었다. 이렇게 방향을 정한 후에는 부담을 덜고 수업 내용을 준비할 수 있었다. 당시에는 구할 수 있는 정보가 많지 않았기 때문에 수업을 진행하는 나 또한 잘 모를 수 있음을 솔직하게 밝히고, 학생들과 함께 첫 퀴어 수업을 만들어 나갔다.

소수지만 퀴어 수업에 관심을 갖는 청소년들이 있었다. 첫 시간에는 다 함께 그림책 『꽁치의 옷장엔 치마만 100개』를 읽고 각자의 어린 시절 이야기를 들려주었다. 어릴 때 어떤 옷을 입었고 어떤 색을 좋아했는지, 지정 성별에 맞게 옷을 입거나 행동하라고 요구받았던 적은 없는지 등 자신의 경험을 나누었다. 어릴 때 그림일기를 썼던 것처럼 당시의 내가 어떤 옷을 입고 있었는지 혹은 입고 싶었는지, 그때의 마음은 어땠는지 등을 떠올리며 '나'를 그렸다. 어떤 옷을 좋아했는지 기억이 선명하지 않은 사람도 있었지만, 뚜렷하게 기억하고 있는 사람도 적지 않았다. 이런 활동들을 함께하며 몸이 성별을 감각하는 방식, 마음이 보내는 신호, 마음이 향하는 곳이 저마다 다를 수 있다는 걸 알게 되었다. 뭔가 다르다는 걸 감각하는 순간 주변이 어떻게 반응하느냐에 따라 그 감각이 영향을 받을 수 있다는 것도, 그렇게 영향을 받은 순간이 오래 기억에 남는다는 것도 배웠다.

다음 시간에는 다양한 성별 정체성과 성적 지향에 대해 공부했다. 세상에는 시스젠더와 이성애만 존재하는 게 아니라는 것, 더 다양한 정체성이 있는데 사회에서 스스로 고민하고 탐색할 기회를 주지 않는 것뿐이라는 이야기를 나누었다. 이 수업을 준비하면서 나 또한 스스로의 성별 정체성과 성적 지향에 대해 다시 생각해 볼 수 있었다. 다양한 스펙트럼 가운데 내가 어디에 위치하는지 살피며 나의 세계가 넓어지는 것 같았다.

그러나 마음에 걸리는 점도 있었다. 퀴어에 대해 열린 마음을 가지고 모인 교실이라 해도 자유롭게 이야기를 나누다 보면 누군가에게는 때로 안전하지 않게 느껴질 수도 있었다. '나'를 탐색하는 시간이었지만, 아우팅의 위험 때문에 자신의 고민을 털어놓지 못하는 사람도 있을 터였다. 나 역시도 여기서 나눈 솔직한 생각들이 교실 밖으로 새어 나가지는 않을까 두려운 마음이 있었으니 말이다. 하루는 자신의 정체성을 고민해 볼 수 있는 질문이 담긴 활동지를 나누어 주었다. 활동지에 담긴 질문들이 무슨 의미인지 함께 살펴본 뒤, 작성한 내용을 다 함께 나누고 싶은지 학생들에게 물었다. 쉽사리 답하지 못하고 정적이 흐르는 것을 보고, 결국 서로의 안전을 지키기 위해 활동지는 각자 편안한 장소에서 작성하기로 했다.

마지막 시간에는 퀴어와 관련한 각자의 경험과 사회적 인식에 대해 이야기를 나눈 뒤 미디어 속 퀴어의 모습을 살펴보았다. 유튜브를 비롯해 최근 새롭게 등장한 다양한 미디어에서 퀴어를 다루는 방식과 그 바탕에 깔려 있는 인식은 고르지 않았다. 퀴어에 대한 인식을 개선하기 위해 노력하는 매체도 있었지만, 타자화하며 흥밋거리로 삼는 매체도 여전히 많았다. 미디어를 접하는 시간이 훨씬 많은 청소년들의 경험과 생각을 충분히 듣기 위해 각자 접했던 퀴어 관련 콘텐츠를 소개하고 문제적, 논쟁적이라 생각하는 지점들에 대해 토론했다. 그 무렵은 '닷페이스'나 '시리얼'처럼 젠더, 환경, 장애 등 다양한 가치와 소수자의 권리를 다루는 유튜브 채널이 막 등장하던 시기라 학교 구성원들은 이에 큰 관심을 보이며 많이 시청하는 분위기였다. 학생들은 이런 채널들에서 소개하는 콘텐츠나 퀴어 인물이 나오는 웹드라마 등을 수업 시간에 함께 보자

　　　　2부 짱돌을 던졌더니 학교에도 무지개가

고 제안했다.

당시 우리가 본 콘텐츠 중에는 퀴어 당사자들이 지금 어떤 삶을 살고 있는지, 앞으로 어떤 세상을 바라는지를 구체적으로 다루는 내용도 있었지만, 퀴어의 삶을 자극적이거나 폭력적으로 다루는 내용도 적지 않았다. 퀴어가 겪는 폭력의 예로 전환 치료(성적 지향을 바꿀 수 있다고 주장하며 행하는 치료)를 다루며 지나치게 상세하고 사실적인 장면을 넣은 영상도 있었다. 시작 부분에 주의 사항을 알리는 문구가 나오긴 했지만, 실제로 전환 치료에서 오가는 말이나 벌어지는 상황이 그대로 노출되어 당사자의 입장에서는 폭력이라 느낄 수 있었다. 콘텐츠뿐만 아니라 그 아래 달리는 댓글에도 혐오나 차별의 말들이 많았다. 우리는 퀴어의 삶을 다루는 콘텐츠가 많아진 것은 반가운 일이지만, 적나라한 장면이나 혐오가 담긴 댓글이 걸러지지 않고 그대로 노출되는 것은 문제라는 이야기를 나누었다.

처음 열었던 퀴어 수업을 생각하면 솔직히 부끄럽다. '학교에서 꼭 하고 싶다!'는 마음이 앞서 개설한 수업이었고, 내가 많은 지식과 정보를 주었다기보다는 학생들과 함께 배워 나가는 시간이었다. '더 많이 준비했으면 더 알차게 채워 나갈 수 있었을 텐데……' 하는 아쉬움은 남지만, 이 수업은 개설 자체로 의미가 있었다. 학교의 공식 자료이기도 한 시간표에

'LGBTAIQ+'가 기록되었고, 전체 구성원들을 대상으로 한 수업 설명회에서 이 개념에 대해 소개할 기회도 있었다. 실제로 꽤 많은 학생들이 수업 설명회를 듣고 나를 찾아와 수업 이름이 무슨 뜻인지, 정확히 무엇을 배우는 수업인지 질문하기도 했다. 그때의 경험으로 새롭게 개설하는 수업 하나가 학교와 구성원들에게 제법 큰 영향을 준다는 것을 깨달았다.

또한 퀴어 수업을 통해 청소년들과 함께 배워 나가며 교사와 학생 간의 위계를 조금이나마 허물 수 있었다. 이 경험은 내 교사 생활에 큰 영향을 주었다. 퀴어 수업을 처음 열었던 4년 차 교사 시절의 나는 수업은 교사인 내가 전적으로 책임져야 한다고 생각했다. 대안교육에 진입한 이후 교육과 배움은 교사가 일방적으로 하는 것이 아니라는 이야기를 줄곧 들어 왔지만, 나 스스로는 아직 교사에 대한 고정된 상을 깨지 못하고 있었다. 교실에서는 내 부족함을 드러내서는 안 된다고, 교사인 내가 학생들에게 많은 지식과 정보를 주어야 한다고 생각하며 부담을 안은 채 수업을 준비했다.

이런 생각은 퀴어 수업을 하며 크게 달라졌다. 오랜 시간 탐색을 해도 '퀴어'라는 영역은 완전히 다 알기 어려웠고, 나이가 많다거나 교사라고 해서 혹은 퀴어 당사자라고 해서 더 많이 안다고 할 수도 없었다. 그것을 인정하고 수업에 임하니

　　　　　2부 짱똘을 던졌더니 학교에도 무지개가

오히려 부담을 내려놓을 수 있었다. 일방적으로 지식을 전달하는 위치에서 내려와 청소년들과 같은 자리에서 수업을 함께 만들어 가니 배우는 게 더 많았다. 궁금했던 것을 묻고, 비밀처럼 간직하던 경험과 고민을 털어놓고, 혼자만 가지고 있던 정보를 공유하며 서로 배우기도 하고 가르치기도 하는 관계가 되었다. 이 경험을 통해 나는 교탁, 교단과 같은 물리적인 장벽뿐만 아니라 마음속에 자리 잡고 있는 위계를 허물어야 평등한 교실을 만들 수 있다는 걸 알게 되었다.

새로운 성교육 만들기

그 시기에 학교에서는 필수 성교육을 어떻게 구성하면 좋을지 고민하고 있었다. 학년별로 주제를 정해서 하는 1차시 성교육과 이동 학습에 앞서 진행하는 성폭력 예방 교육이 있었지만, 여전히 부족하다는 의견이 많았다. 우리 학교는 '싫어요! 안 돼요! 하지 마세요!'가 중심인 기존의 성교육을 넘어서 다양한 주제를 다루기 위해 노력했다. 오랜 시간 페미니즘 교육을 해 왔던 선배 교사가 전체 구성을 맡았고 평등, 여성성/남성성, 젠더 감수성, 연애/친밀성, 정상/비정상, 몸, 재생산권, 성적 자기 결정권, 미디어, 젠더 폭력, 법/제도/정책 등을 두루 포괄하는 한 학기짜리 수업이 기획되었다. 이 수업은 교내 필수 교육으로 지정되었고, 팀 티칭 방식으로 진행하기로 했다. 한 명의 교사가 맡아서 진행하는 것보다 여러 교사들이 다양한 정체성과 관점으로 수업에 임하며 성교육에 대해 고민하고, 성인지 감수성을 갖추기를 바랐던 것이다.

교사들은 두 개 학년의 성교육을 함께 진행했는데, 성교육 연구 모임을 꾸려 매주 공부하고 연구하며 수업을 준비했다. 처음에는 모두 열의를 갖고 시작했으나, 시간이 지날수록 모임에 참여하는 교사도 몇몇으로 고정되었고 수업 자료가 쌓이면서 연구도 형식적으로 변해 갔다. 그러면서 퀴어 인권 교육을 교육 과정 안에 촘촘하게 배치하지 못했다. 퀴어 관련 내용은 그것을 주제로 한 수업에서만이 아니라, 다른 주제의 수업에서도 혹시 퀴어가 배제되지는 않았는지 세세히 살피며 준비해야 한다. 자칫 성별 이분법적인 관점에서, 즉 여자와 남자 사이의 문제로만 성교육을 진행할 수도 있기 때문이다.

퀴어를 타자화하지 않기 위해서는 섬세한 고민이 필요했지만, 관련 교육을 받은 적이 없는 우리는 그 지점을 놓치기 일쑤였다. 몸, 정상/비정상 등의 주제를 다룰 때는 자신의 정체성을 탐색해 보고, 우리 사회에서 퀴어의 삶이 어떤지 함께 살펴보는 활동을 했지만 다른 주제를 다룰 때는 잠깐 언급하는 것에 그쳤다. 연애/친밀성 수업에서는 무성애를 비롯해 다양한 성적 지향을 소개하면서도 정작 본격적인 내용은 이성애를 중심으로 진행할 때가 많았다. 재생산권 수업에서는 임신 중지에 대한 사회적 인식을 주로 다루었는데, 이성애자의 재생산권을 중심으로 했을 뿐 그 밖의 다양한 몸이나 결혼으로 구성되지 않은 가족의 재생산권에 대해서는 거론하지 못했다.

성교육 수업은 구성원의 영향을 받기도 했다. 매년 달라지는 성교육 연구 모임의 구성원이 누구인지, 모임 분위기가 어떠한지가 중요했다. 활발한 연구와 토론이 가능한 해가 있는가 하면, 모임 자체가 어려운 해도 있었다. 다양하고 포용적인 수업을 위해 하는 토론이 아니라, 관점의 차이를 두고 다투는 대화가 이어지기도 했다. 교사 간의 인식이나 감수성 차이만큼이나 청소년과 교사 간의 거리를 좁히는 일도 쉽지 않았다. 성교육은 모두가 열린 마음으로 함께하며 안전한 상태에서 다양한 생각이 오가는 장이 되어야 하는데, 당시 우리에게는 그런 포용적이고 개방적인 태도가 부족했던 것 같다.

교사로서 성교육 수업을 준비하며 가장 어려웠던 부분은 내 안에 자리한 규범과 편견을 떨쳐 내는 일이었다. 한국 사회에서 시스젠더 여성으로 자라 온 내가 교사의 자리에서 청소년들과 성적 욕망, 스킨십, 임신 중지 등에 대해 이야기를 나눌 때 과연 어디까지 가능할지, 얼마나 자유로워질 수 있을지 가늠이 되지 않았다. 사회의 규범과 내 안의 오랜 편견, 그리고 교사라는 위치가 나를 가로막는 경우가 많았다. 이는 여전히 어려운 일이지만, 청소년들과 경계를 허물고 자유롭게 토론했던 이때의 경험 덕분에 나는 기존의 질서와 규범에서 비교적 자유로운 사람이 되었다.

교실 안팎을 오가는 배움

우리가 지낸 학교는 한 학기를 6주씩 두 개의 분기로 나누어 각 분기마다 '교육 주제'를 선정했다. 그 주제를 중심으로 수업을 진행하고, 관련 특강이나 영화 상영, 외부 활동 등을 꾸려 다양한 형태의 교육을 시도했다. 교육 주제는 교사회와 학생회가 번갈아 가면서 선정했는데, 학생들의 관심사와 사회적 이슈, 학교에서 필요하다고 생각하는 내용 등을 고려해 시의적절하게 골랐다. 2018년 2분기에 학생들이 정한 첫 번째 교육 주제는 '10대의 성'이었다. 학교에서 '10대의 성'을 본격적으로 진지하게 다루어 주기를 바라는 학생들의 마음을 알 수 있었다.

이 무렵 꼬꼬가 나를 찾아와 수업 개설을 요청했다. 그걸 계기로 'LGBTAIQ+' 수업도 다시 진행하고, '10대의 성'을 주제로 한 책들을 선정해 도서관에 비치하고 영화도 상영했다. 분기 활동에서는 외부 인사를 초청해 특강도 열었다. 산골 마을에 위치한 학교의 특성상 다양한 영역의 활동가나 당사자와 만날 기회가 거의 없었는데, 그때 우리는 퀴어 연구자이자 당사자인 루인에게 '트랜스젠더 퀴어와 함께 사는 삶'이라는 주제로 특강을 요청했다. 학교 중앙에 위치한 카페 공간에서 루인의 특강이 열렸다. 그동안 학교에서 잘 드러나지 않았던 퀴어의 이야기가 학교의 중심에서 바깥으로 천천히 울려 퍼졌다. 마치 무지개가 퍼져 나가는 것 같았다. 루인을 초청하면서 우리는 교내 퀴어 당사자 모임 짱똘과 따로 만나 줄 수 있을지 물었다. 루인은 흔쾌히 수락해 주었고, 우리는 함께 식사를 하며 퀴어 당사자이자 활동가의 삶을 비롯해 더 많은 이야기를 편안하게 나눌 수 있었다. 그러면서 학교 밖 사회에서 우리가 누구와 연결되어 어떻게 살아가게 될지도 상상해 볼 수 있었다.

'불편함을 위하여'가 주제였던 2019년 2분기에는 외부 일정을 잡았다. 마침 퀴어 활동가인 소소 부부(소성욱, 김용민)의 '소소한 결혼식' 일정이 그 시기에 있었기 때문이다. 퀴어 결혼식에 가 보는 것 자체가 흔치 않은 경험인데, 교육 활동비를 지원받아 학교에서 제공하는 차로 갈 수 있다니 이 얼마나 좋은 기회인가! 당시 학교 차량이었던 스타렉스로 이동하려면 선착순 10명 안에 들어야 했다. '퀴어 결혼식, 선착순 10명, 학교 차로 가는 주말의 서울 방문!'을 키워드로 홍보했는데, 기쁘게도 순식간에 자리가 찼다. 참석하기로 한 청소년들과 축하의 마음을 어떻게 전하면 좋을지 아이디어를 모으고, 롤링페이퍼도 만들었다. 각자 용돈으로 마련한 소중한 축의금 봉투도 챙겨서 결혼식에 갔다.

'퀴어의 결혼식은 특별하지 않을까?' 생각했으나 그간 참석했던 결혼식과 크게 다르지 않았다. 무언가 다를 거라는 짐작은 내 안의 편견일 뿐이었다. 소소 부부는 인터뷰를 통해 친구들을 많이 초대하고 싶어서 일반적인 예식장을 대관했고, 예식장의 대관 일정에 맞춰 결혼식을 준비했다고 밝혔다. 특별하지 않았던 소소 부부의 결혼식을 보며 퀴어여서 선택할 수 없다고 생각했던 일들도 동료와 함께라면 선택하고 시도해 볼 수 있다는 걸 확인할 수 있었다. 이처럼 퀴어에 대한 지식과 정보를 배우는 것뿐만 아니라 다른 많은 퀴어들과 연결되는 기회를 만드는 것도 퀴어 교육의 일부가 되어야 한다. 이날 우리는 교실 밖 더 넓은 세상에서 몸과 마음의 감각으로 익히며 배운다는 게 어떤 것인지 알 수 있었다.

그 밖에도 우리는 다양한 형태의 배움을 시도했다. 김조

광수 감독을 초청해 퀴어 영화를 함께 보고 이야기를 나누는 행사를 진행하고, 서울에서 열리는 퀴어문화축제에도 함께 다녀왔다. 교실에서 하는 수업에 한계가 있을 때는 현장에 있는 활동가나 소수자 정체성을 가진 당사자를 만나는 것이 하나의 선택지가 될 수 있었다. 이렇게 '교실'이라는 공간과 '교육'에 대한 고정된 상에서 벗어나면 사회와 더 많은 접점을 갖는, 더 다양한 존재들과 연결된 열린 교실을 만들어 갈 수 있다.

내 자리, 내 공간이 없는 삶

우리는 기숙형 대안학교에서 지냈다. 학교에서 약 1.5킬로미터 떨어져 있는 곳에 기숙사가 있었고, 학기 중에는 교내 구성원들과 24시간을 함께 보냈다. 기숙사와 화장실 등 생활 공간은 매우 협소했고, 개인 공간은 존재하지 않았다. 기숙사 방에서는 적게는 네 명, 많게는 여섯 혹은 일곱 명이 함께 생활했다. 방과 화장실은 모두 여성과 남성으로만 나뉘어 있었고, 어디를 사용할 것인지는 개인의 의사, 정체성과 상관없이 지정 성별로 정해졌다.

대부분의 시간을 보내는 기숙사에서 트랜스젠더 퀴어는 자신의 성별 정체성을 부정당했고, 이성애가 아닌 다른 성적 지향을 가진 사람은 폭력의 대상이 되었다. 남성 기숙사에서는 "게이냐?"라는 말로 사회에서 규정하는 '남성성'에서 벗어나는 외양이나 언행을 웃음거리로 만들었다. 기숙사에서 통용되는 '남성성'과 '게이'에 대한 고정적인 이미지가 있었다. 그러한 문화 속에서는 다양한 정체성을 탐색하기보다는 살아남기 위해 지정 성별에 기대되는 전형적인 모습으로 살아가야 했다.

2017년, 꼬꼬가 전체 구성원 앞에서 커밍아웃을 했다. 학교에서 첫 '오픈리 퀴어'로 살아가겠다고 선언한 것이다. 시스젠더가 아닌 사람, 즉 트랜스젠더 퀴어가 학교에 존재한다는 사실이 처음으로 드러난 순간이었다. 꼬꼬가 커밍아웃을 한 후에도 나를 비롯한 교사회는 생활 공간에 대한 고려를 하지 않았다. 지정 성별에 따라 공간을 사용하는 꼬꼬를 그냥 내버려두었다. 꼬꼬는 커밍아웃을 한 다음 해인 2018년 학교에 성 중립 공간을 제안했다. 성별 이분법에 따라 만들어진 화장실, 기숙사 등의 공간에 퀴어의 자리가 없다는 것을 구성원들에게 알렸다. 그러나 교사회는 예산과 공간의 부족함을 탓하며 자기 공간이 없는 학생의 삶을 고려하지 않았다. 예산과 공간은 표면상의 이유일 뿐이었다. 이후 교사회는 그것만으로는 다 설명되지 않는 선택과 결정을 이어 갔다.

학교 기숙사의 필수 거주 기간은 1년이었다. 그 이후에는 다른 곳에서 통학하는 것도 가능했다. 하지만 전국에서 오는 학생들이 학교가 있는 마을에서 집을 구하기란 쉽지 않은 일이었다. 다행히 학교가 마을 주민과 연계하여 운영하는 홈스테이 제도가 있었다. 홈스테이 숙소는 퀴어 학생이 선택할 수 있는 대안 중 하나였으나, 반드시 다른 학생과 함께 사용해야 했고 다른 신청자가 있을 경우 한 학기 이상 쓸 수 없었기 때문에 안정적인 선택지는 아니었다. 그래도 퀴어를 위한 선택지가 거의 없는 학교에서 그나마 찾을 수 있는 대안이기는 했다.

화장실과 샤워실의 경우는 다른 선택지가 아예 없었다. 당시 샤워실은 옆 칸이 보이는 불투명한 유리벽과 얇은 샤워 커튼뿐인 구조라 내부가 완전히 가려지지 않았다. 남성 기숙사에서는 매 학기 초 샤워 커튼을 새로 설치했지만 금방 사라지기 일쑤였다. 몇몇 학생이 재설치를 요청해도 설치해 봐야 금방 뜯겨 나가고, 대부분의 학생이 잘 사용하지 않는다는 이유로 거부당하는 일이 빈번했다. 누군가에게는 별일 아니겠지만 퀴어에게는 안전을 위협받고 존재를 부정당하는 일이었다.

2020년, 학교에 '모두를 위한 화장실'이 설치되었다. 생

태 화장실에 거부감을 느끼는 학생들이 입학을 포기하는 사례
가 많아지자 관리자급 교사가 수세식 화장실 설립을 제안했
다. 하지만 많은 학생들이 반대 의견을 냈다. 생태 화장실은 학
교에서 오래 지켜 온 철학 중 하나이자, 생태 환경 운동 그 자
체였기 때문이다. 수세식 화장실을 관철시킬 근거가 부족했던
교사회는 '성 중립 화장실 설치'라는 제안을 던졌다. 기왕 화
장실을 바꿀 거라면 조금 더 의미 있는 공간으로 만들자는 뜻
으로 보일 수도 있으나 현실은 그와 달랐다.

2018년 꼬꼬가 성 중립 공간의 필요성을 주장한 이후, 매
학기 말 시행된 '성폭력으로부터 안전한 공동체 만들기'라는
이름의 학생 대상 전수 조사에서 성 중립 공간에 대한 제안이
꾸준하게 나왔다. 그로 인해 퀴어에게 성 중립 공간이 필요하
다는 인식이 교내에 어느 정도 자리 잡고 있었다. 교사회는 이
카드를 들고 나오면 학생들이 크게 반대하기는 어려울 거라는
분위기를 읽은 것이다. 이제 수세식 화장실 반대는 학교의 철
학을 지키는 것이 아니라 퀴어 혐오로 받아들여질 수 있었다.
공동체의 이런 특성을 알고 성 중립 화장실을 수단으로 삼다니
교사의 한 사람으로서 부끄럽기도 하고 화도 났다.

당시 나는 이런 방식으로 성 중립 공간이 만들어지는 것
이 마음에 걸렸다. 이미 성 중립 공간이 하나의 '수단'처럼 느

꺼지는 상황에서, 나에게 관련 교육과 논의 진행을 부탁하는 동료 교사의 제안도 반갑지 않았다. 하지만 이 기회를 놓치면 성 중립 화장실을 만들 기회가 다시 오지 않으리라는 우려에 제대로 문제 제기를 하지 못한 채 준비 과정에 들어갔다. 성 중립 공간에 대한 이해가 부족한 학교 구성원들을 교육하고 설득하는 일은 교사 가운데 유일한 퀴어 당사자였던 나의 몫이 되었다.

교사 연수 시간에 성 중립 공간이 왜 필요한지, 학교에서 만들고자 하는 화장실이 어떤 형태인지 설명하는 자리를 가졌다. 당사자로서 해야 할 역할이라 생각했지만, 편견이 담긴 교사들의 반응을 마주하는 건 쉽지 않은 일이었다. 교사들의 질문에는 두려움과 우려가 뒤섞여 있었다. 당사자들의 어려움이나 필요보다는 설치 이후 발생할 문제들에만 초점을 둔 이야기들이었다. 그날의 자리는 앞으로 여러 과정을 어떻게 진행해 나갈지보다는 각자가 가진 우려를 공유하는 시간이 되었다.

그해는 나와 꼬꼬가 학교에 커밍아웃한 지 이미 3년이 지난 후였다. 그런데도 여전히 대부분의 교사들은 퀴어와 함께 하는 삶을 상상하지 못했다. 성 중립 화장실 설치는 학교 공간을 바꾸는 일이었기 때문에 전체 학생과 교사의 의견을 모으는 간담회를 열어야 했는데, 그 간담회를 진행할 교사들이 부정적인 의견만 내놓고 있으니 나는 동요하는 감정을 추스르기 어려웠다. 그 우려는 간담회에서 나올 수 있는 여러 질문과 반대 의견에 대응하기 위한 것이었을까, 아니면 교사들의 실제 마음이었을까. 퀴어 당사자 앞에서 아무렇지 않게 이런 말을 내뱉는 동료들을 보며 혹시 학생들에게도 이런 분위기가 전해질까 걱정스러웠다. 다음 연수 시간에는 지난 시간에 나왔던 여러 우려의 말을 예로 들며 당사자에게는 그것이 폭력과 차별로 느껴질 수 있음을 분명하게 전했다. 그리고 우리 학교는 퀴어 당사자가 함께 살고 있는 공간임을 다시 한번 상기시켰다. 간담회를 진행하는 우리 교사들부터 당사자에게 폭력이 될 수 있는 말을 하지 않도록 주의하자는 당부를 하며 자리를 마무리했다.

간담회 직전의 짧은 교육으로 모든 구성원의 이해와 공감을 끌어낼 수는 없었다. 불안한 마음을 안은 채 마침내 전교생이 모두 참여하는 간담회를 시작했다. 몇몇 교사들은 퀴어의 안전은 고려하지 않은 채 '각자 자유롭게 의견을 내라'며 모두의 의견을 취합하는 방식으로 간담회를 진행했다. 그 속에서 퀴어들은 존재를 부정당하는 언어와 분위기에 노출되었다. 표면상으로는 퀴어, 장애인, 그 밖의 다양한 정체성을 가진 '모두를 위한 화장실'을 만드는 과정이었지만, 당사자들은 또 다른 억압과 폭력을 경험할 수밖에 없었다.

공간과 제도가 바뀌어도

'모두를 위한 화장실'이 만들어진 다음 해, 나는 안식 학기에 들어갔고 꼬꼬도 인턴십 기간이라 학교에 없었다. 휴직 중이던 나에게 성 중립 화장실 한 칸이 고장 나서 그곳을 청소 도구함으로 쓰겠다는 연락이 왔다. 학교에 있지 않았던 나는 많은 것을 묻기 어려웠다. 고치기 어려울 정도로 심하게 고장이 난 것인지, 고장 난 시설을 유지 보수하는 건 당연한 일인데 하필 퀴어의 생존을 위한 공간에 문제가 생겼을 때는 왜 그런 노력을 하지 않는지 직접적으로 문제 제기를 할 수 없었다.

　얼핏 보기에 학교는 조금씩 변화하는 듯했다. 퀴어 당사자 모임도 생겼고, 커밍아웃을 한 사람도 있었다. 학교 시설도 퀴어가 함께 살아갈 수 있는 공간에 조금은 가까워졌다. 공동체의 규칙 안에 퀴어에 대한 차별과 혐오를 금하는 약속도 만들었다. 그러나 공간과 제도가 바뀌더라도 공동체의 모든 구성원이 실제로 다양한 퀴어들과 함께 살아가기 위한 노력을 하지 않는다면 허울뿐인 변화였다. 퀴어 당사자는 여전히 유별나고 특이한 존재가 되기 십상이었다. 구성원들은 학교가 달라지고 있고 많은 사람이 당사자들을 위해 여러모로 신경 쓰고 있는데, 왜 계속 문제 제기를 하는 건지 모르겠다고 했다. 분명 크고 작은 변화가 있었지만, 당장 마주하는 구성원들의 온도는 제자리에 그대로 멈춰 있는 것 같았다. 퀴어와 함께 살아가기 위해 제도와 공간을 바꾸는 과정에서 다시 퀴어를 배제하는 일들이 일어났으니 말이다.

'모두를 위한 화장실'을 만드는 과정 자체가 그랬다. 구성원들은 각자가 가진 우려를 여과 없이 드러냈다. 간담회 자리에서 몇몇 구성원이 성별 구분 없는 공간에 대한 불안감을 표현했다. 다른 성별과 한 공간을 쓰다 보면 위험한 상황이 발생할 수 있다는 이야기였다. 학교 밖 사회와 마찬가지로 학교에서도 성차별적인 언행과 다양한 형태의 젠더 폭력이 일어나고 있었고, 화장실은 그런 우려가 집중되는 곳이기도 했다. 젠더 폭력은 이성 사이에서만, 혹은 공간의 구조에 의해서만 발생하는 것이 아니라 학교 문화와 구성원 간의 관계에 더 큰 영향을 받는다. 당시 학교 구성원들은 이에 대한 이해가 부족했고, 성 중립 공간에 대해서도 잘 몰랐기에 막연한 불안감을 갖고 있었다.

이처럼 여러 가지 우려와 오해, 젠더 폭력에서 안전하지 않은 학교 분위기를 그대로 둔 채 지금까지 없었던 공간을 만드는 일이었기에 구성원들이 최대한 안심하고 안전하게 사용할 수 있는 공간 구성이 필요했다. 모든 화장실을 성 중립 공간으로 만들지, 성별 구분 화장실을 일부 설치할지부터가 간단한 문제가 아니었다. 성 중립 화장실만 만들면 이를 낯설어하고 불안해하는 구성원들을 설득하기 어려웠고, 여성·남성·성 중립 공간으로 나눌 경우 성 중립 공간을 사용하는 사람이 아우팅될 위험이 있었다. 나는 이런 고민을 동료 교사와 나누었고, 우리는 퀴어가 특정되지 않도록 좀 더 적극적으로 성 중립 화장실을 사용하기로 했다. 최종적으로 여성·남성·성 중립 공간으로 나누어 설치하는 쪽으로 방향이 잡혔다. 그 밖에 신체 구조상 여성의 화장실 사용 시간이 더 길기 때문에 여성 화장실이 더 많아야 한다는 논의도 있었지만, 결국 한정된 공간을 이유로 여성용 두 칸, 남성용 두 칸, 성 중립 화장실 세 칸이 설치되었다.

　하지만 이 공간에는 또 다른 문제가 있었다. 성 중립 화장실 세 칸 가운데 한 칸은 장애인 화장실이었는데 사실상 휠체어 이용자는 접근할 수 없었다. 출입문에 턱만 없을 뿐 화장실까지 가려면 무수히 많은 턱과 계단을 마주해야 했다. 게다가 비장애인 화장실이 여성·남성·성 중립 공간으로 나뉘어 설치된 것과 달리 장애인 화장실은 성 중립 공간으로만 설치되었다. 다른 칸을 설치할 때는 안전과 폭력의 문제를 두루 살폈으나 장애인 화장실에 대해서는 출입문이나 공간의 크기와 같은 물리적 형태만을 신경 썼다. 장애인 활동 지원사가 동성이 아닐 수 있으니 성 중립 공간으로 해야겠다는 생각만 했을 뿐, 장애 여성이 화장실 이용 시에 경험할 수 있는 불안이나 낯섦, 폭력은 고려조차 하지 않은 것이다.

퀴어, 장애인, 여성, 청소년 등 소수자들은 단일한 정체성으로 존재하지 않는다. 지정 성별이 무엇인지, 학교 구성원 가운데 교사인지 학생인지 혹은 양육자인지, 몇 살인지, 어떤 몸으로 살아가는지 등에 따라 각기 다른 정체성으로, 각기 다른 차별을 맞닥뜨리며 살아간다. 내 안의 무수히 많은 정체성은 따로 또 같이 교차하며 퀴어, 청소년, 여(남)성, 장애인 등 같은 정체성을 가지고 있더라도, 같은 지역이나 학교 등 비슷한 환경에 살고 있더라도 모두 다른 경험을 하며 살아간다.

이 과정을 통해 나는 다양한 존재와 함께 살아가기 위해서는 좀 더 다면적이고 세심한 고민이 필요하다는 것을 알게 되었다. 단순히 '이 공간이 필요하다니까 만들어 주면 되겠지'가 아니라, 각자가 이곳에서 어떤 불편함을 갖고 살아가는지 살피는 것이 중요하다. 이렇게 말하면 무척 어려운 일 같지만, 주변을 조금만 자세히 살핀다면 쉽게 실천할 수 있는 일도 많

    2부 짱돌을 던졌더니 학교에도 무지개가

다. 내 친구나 동료가 이 공간에서 어떤 위치에 있고, 어떤 불편함을 느끼고 있는지 대화를 시도해 보는 것, 당연한 것에 의문을 가지고 함께 목소리를 내는 것. 돌이켜 보면 나에게는 그 정도 온도가 필요했던 것 같다.

학교는 지금도 모두를 위한 화장실을 사용하고 있다. 시간이 지나면서 성 중립 화장실은 대부분의 구성원에게 편한 공간이 되었다. 화장실 사용에서 느끼는 불편함을 취합하고, 개선이 필요한 부분을 바꿔 나가며 퀴어뿐만 아니라 다른 구성원도 함께 사용하는 공간이 되었다. 많은 사람이 사용하자 아우팅 위험이 적어진 것은 다행이었으나, 성 중립 화장실 이용자가 많아지자 오히려 성 중립 칸 이외의 다른 선택지가 없는 퀴어들이 어려움을 겪기도 했다. 성 중립 화장실이 구성원들에게 편안한 공간이 되었을 때 화장실 수를 다시 조정했다면 어땠을까? 공간을 한 번 만드는 것으로 끝나는 게 아니라, 구성원들의 생각과 온도 변화에 맞춰 공간을 바꿔 나갔다면 '모두'를 위한 학교에 조금 더 가까워지지 않았을까?

나는 더 이상 퀴어 청소년이, 혹은 다른 소수자 정체성을 가진 이들이 오로지 자신들의 힘만으로 학교를 변화시키지 않기를 바란다. 누구든 차별적인 상황에 놓여 있을 때 거기에 함께 대응해 줄 친구와 동료, 즉 앨라이가 필요하다. 그 누구도 차별과 폭력을 중단하지 못할 때, 혹은 그것이 차별과 폭력이라는 것을 인식하지 못할 때, 나서서 막아 주고 알려 줄 친구, 교사, 양육자가 필요하다. 학교는 이 모든 사람들이 자신의 정체성을 지키고 타인의 정체성을 존중하며 함께 살아가는 곳이 되어야 한다. 그런 작은 실천들이 모인다면 '모두를 위한 화장실', '성 중립 시설'이 더 이상 유별난 요구나 혜택이 아니라, 우리 모두가 함께 누리는 당연한 권리로 여겨질 수 있을 것이다.

우리가 직접 만드는
퀴어문화축제 '무아지경'

나의 첫 퀴어문화축제

나에게 퀴어문화축제는 마치 생일처럼 손꼽아 기다리는 날이다. 1년에 한 번, 걱정 없이 나의 모습을 드러내며 신나게 놀 수 있기 때문이다. 서울, 인천, 부산, 제주, 춘천, 광주, 대구 등 다양한 지역에서 열리는 퀴어문화축제는 각자의 삶을 살아가던 퀴어들이 한데 모여 서로의 존재를 확인하고 즐겁게 노는 장이다. 축제 현장에는 다양한 부스와 공연이 펼쳐진다. 그중 하이라이트라 할 수 있는 것은 도시 한복판을 행진하며 노래도 부르고 무지개 깃발도 흔드는 퍼레이드다. 번쩍번쩍한 무지개 바이크를 타고 퍼레이드의 시작을 알리는 사람들, 퍼레이드 트럭에 올라 신나게 춤추는 사람들을 보며 '아, 나도 저렇게 멋진 퀴어가 되고 싶다'라고 생각하곤 했다. 그날만큼은 평소에 입지 못했던 옷도 입어 보고, '퀴어한' 나를 당당히 드러내며 즐길 수 있었다. 이처럼 평소 어쩔 수 없이 정체성을 숨기거나 부정당했던 사람들에게 퀴어문화축제는 엄청난 해방감을 안겨 준다.

나의 첫 퀴어문화축제는 2018년에 열린 서울퀴어문화축제였다. 혼자 학교에서 서울까지 버스를 타고 갔다가 당일 저녁에 돌아와야 하는 일정이었기 때문에 퍼레이드에는 참여하지 못하고 부스와 공연만 잠시 구경할 수 있었다. 두세 시간 정도의 짧은 일정이었지만, 그날 나는 신선한 충격을 받았다. 커다란 서울광장에 가득 모인 수많은 사람들이 모두 퀴어 당사자이거나 그들을 지지하는 사람들이라는 것이 믿기지 않았다. 물론 축제를 반대하는 '혐오 세력'도 만났다. 지하철에서 축제 장소까지 가는 그 짧은 길에서 얼마나 많은 혐오 발언을 들었는지 모른다. 무섭고 위협적이라 느끼면서도 인터넷에서만 보던 소위 '악플러'들이 실제로 존재한다는 것이 신기했다. 가는 길에 만났던 혐오 집단보다는 축제 장소에 들어서는 순간 느꼈

 2부 짱돌을 던졌더니 학교에도 무지개가

던 '여기서부터는 안전하다'는 감각이 더 크게 남았다. 그렇게 첫 퀴어문화축제는 나에게 매우 따뜻한 기억을 남겼다.

같은 해, 인천에서는 첫 퀴어문화축제가 열렸다. 서울에서의 좋은 기억을 가지고 있던 나는 인천에서도 분명 따뜻하고 즐거운 축제의 장을 만날 수 있을 거라 생각했다. 당시 나와 연애를 시작하며 이제 막 퀴어 정체성을 찾아가던 풀에게 그 따뜻한 분위기를 경험하게 해 주고 싶었다. 그리하여 우리는 인천퀴어문화축제로 향했다. 그런데 축제 장소에 도착할 때쯤 유랑을 포함한 친구와 동료들에게서 걱정이 담긴 연락이 오기 시작했다. 혐오 세력이 너무 많아 안전하지 않다, 아우팅을 노리며 사진 찍는 사람들이 많으니 조심하라는 내용이었다. SNS를 잘 이용하지 않던 우리는 어떤 분위기인지 제대로 파악하지 못한 채 지하철에서 내렸다. 그리고 곧바로 혐오 세력을 마주쳤다. 서울에서도 경험했던 일이라, 축제 장소로 가면 괜찮을 거라 생각하며 지하철역을 나섰다.

그러나 아무리 돌아다녀도 도저히 축제가 열리는 곳을 찾을 수 없었다. 처음에는 길을 잘못 든 것이라 생각했지만, 알고 보니 혐오 세력의 폭력이 이어지자 경찰이 참가자들을 보호하겠다며 축제 장소를 둘러싸고 있었고 또 그 바깥을 혐오 세력이 둘러싸고 있는 상황이었다. 그 안에 갇힌 참가자들은 들어

갈 수도 나올 수도 없어 화장실에도 갈 수 없었다. 그 옆으로는 한두 명의 축제 참가자를 대여섯 명의 혐오 세력이 둘러싼 채 겁을 주거나 직접적으로 폭력을 행사하는 모습이 보였다. 근처에 있는 건물의 창문과 옥상에는 카메라를 든 사람들이 빼곡하게 들어차 있었다.

생각보다 심각한 상황에 겁이 났다. 우선 가방에 달고 있던 무지개 배지를 모두 뗐다. 우리가 퀴어라는 것을 드러내면 안 될 것 같았다. 아우팅을 막기 위해 가지고 있던 마스크와 모자를 풀에게 씌웠다. 다행히 얼마 후 바깥에 모여 있는 축제 참가자들을 찾을 수 있었다. 그들과 함께 혐오 세력을 막아서고 구호를 외쳤다. 그때 혐오 세력 중 몇 사람이 축제 참가자 한 명을 납치하려고 했다. 강제로 팔을 잡아끌며 차에 태우려는 것을 축제 참가자들이 힘을 모아 간신히 막고 경찰을 찾았지만, 달려오는 경찰은 한 명도 없었다. 여럿이 뭉쳐 온몸으로 막아 내는 수밖에 없었다. 경찰의 '보호'는 아무런 소용이 없었다. 이후로도 폭력적인 상황이 계속 이어졌고, 위협을 느낀 우리는 그곳을 빠져나왔다. 이후 전해 들은 바로는 축제 참가자들은 저녁까지 남아서 어떻게든 퍼레이드를 끝까지 해냈다고 한다.

이날의 퀴어문화축제는 우리가 처음으로 경험한 직접적

이고 적극적인 혐오이자 폭력이었다. 무섭고 비참했다. 이런 상황에서 청소년인 우리가 할 수 있는 일은 용감하게 맞서는 것이 아니라 퀴어라는 걸 들키지 않고 조용히 빠져나오는 것뿐이었다. 혐오 세력은 우리를 보며 "너네 부모님은 네가 이러고 다니는 거 아시냐?"며 "집에 가라"고 소리쳤다.

그런데 아이러니하게도 이 일을 겪은 후 오히려 매년 퀴어문화축제를 찾아다니게 되었다. 끔찍한 혐오와 차별의 현장에서 서로에게 의지하며 함께 맞서 싸우는 끈끈함을 경험하면서, 퀴어문화축제가 단순히 재미를 위한 자리가 아니라 우리의 존재를 지키고 드러내는 소중한 장이라는 것을 깨달았기 때문이다. 그날 우리는 서로의 존재를 확인하는 것만으로도 세상을 살아가는 데 큰 힘이 된다는 것을 알았다. 그래서 이후로 서울, 인천, 춘천 등 다양한 지역에서 열리는 퀴어문화축제는 물론 크고 작은 퀴어 관련 행사를 열심히 찾아다녔다. 퀴어가 아니라면 만나지 못했을 사람들과 퀴어라는 사실 하나만으로도 금세 하나가 되어 즐기는 그 시간이 너무나도 좋았다.

우리가 만들어 볼까?

퀴어문화축제는 나에게만 즐거운 시간이 아니었다. 퀴어 당사자가 아닌 친구들도 축제에 가 보더니 우리 학교에서 이런 행사를 하면 재미있겠다는 이야기를 했다. 우리 학교는 도시에서 멀리 떨어져 있고 매번 학사 일정이 겹쳐 학생들이 퀴어문화축제에 참가하기 어려우니 우리가 직접 만들어 보면 어떻겠느냐는 제안이었다.

어른들을 중심으로 기획된 기존의 퀴어문화축제는 청소년인 우리에게 조금 다른 경험이었다. 우선, 퀴어문화축제에 참가하기 위해서는 서울이나 다른 지역으로 이동해야 했는데, 청소년인 우리는 교사나 양육자에게 허락과 도움을 구해야 했고 교통비나 축제에서 쓸 돈도 양육자를 통해 마련해야 했다. 그때마다 퀴어문화축제에 간다고 솔직하게 이야기하지 못하고 다른 핑계를 대느라 애를 먹었다. 어렵사리 허락을 받고 비용을 마련해 가게 되었더라도 숙소를 잡을 수 없으니 매번 축제가 끝나기 전에 집으로 돌아오는 버스에 올라야 했다. 버스를 타기 위해 신나는 퍼레이드를 뒤로하고 축제에서 빠져나오는 것은 정말 속상한 일이었다. 어른들은 축제가 끝나고 뒤풀이도 한다던데, 우리는 매번 아쉬움을 남긴 채 돌아와야 했다.

또 축제 현장에서 누군가 사진을 찍으면 이 사진이 인터넷에 퍼져 교사나 양육자에게 전해질까 걱정해야 했다. 혐오 세력은 우리에게 "어린 것들이 여기가 어디라고 와! 부모님한

테 죄송하지도 않냐!"라고 소리쳤다. 언제나 '부모님', '어린 것들', '어려서 그래' 같은 말들이 빠지지 않았다. 퀴어문화축제를 막기 위해 등장하는 논리는 늘 '퀴어문화축제가 외설스럽고 선정적이어서 어린이와 청소년의 정체성에 혼란을 준다'는 것이다. 그러나 어린이나 청소년의 입장에서는 무조건 안 된다는 말, 어린 것들이라는 무시가 더 큰 혼란과 좌절을 준다. 이처럼 청소년이 경험하는 퀴어문화축제는 어른들의 그것과는 꽤 다른 모습이다.

그렇다면 청소년이 직접 기획하고 준비하고 참여하는 퀴어문화축제를 우리가 열어 보면 어떨까? '퀴어'라는 소수자성 안에서도 더욱 소수자인 '청소년'이 깊은 산골에 있는 대안학교에서 여는 축제는 학교에도 사회에도 큰 메시지를 던질 수 있을 것 같았다. 그리고 무엇보다 재미있을 것 같았다! 마침 학교에는 퀴어 당사자 모임인 짱똘이 있으니 짱똘에서 주최해 보면 좋겠다는 의견이 나왔다. 나는 신나는 마음으로 이 아이디어를 짱똘에 전했다. 짱똘에서도 긍정적인 반응이 나왔다. 모두가 학교에 우리의 존재를 알릴 수 있는 좋은 기회가 될 거라 생각했다. 다만 짱똘은 멤버가 너무 적고, 멤버임을 밝히지 않고 활동하는 사람들도 있었기 때문에 '짱똘'의 이름으로 행사를 주최하는 것은 무리였다. 그래서 처음 축제를 제안한 친구들과 함께 축제 준비팀을 만들기로 했다. 나를 포함한 몇몇 친구들이 주축이 되어 함께할 사람을 모집했더니 열다섯 명 정도가 모였다.

대망의 첫 모임에서 팀의 이름을 정했다. 퀴어문화축제 준비팀 '무아'. '무지개 핀 아침'이라는 뜻이었다. 각자가 상상하는 퀴어문화축제의 모습을 공유하며 앞으로 무엇을 할지 계획을 세웠다. 욕심도 많고 의욕도 많은 사람들이 모이니 원하는 축제의 규모가 점점 커졌다. 처음에는 작은 학교 축제 정도를 상상했지만, 사회에 메시지를 던지기 위해서는 더 욕심을 부려야 한다는 의견이 나왔다. 한껏 들뜬 우리는 실현 가능성은 따지지 않고 재미있는 아이디어를 마구 던졌다.

그러나 큰 규모의 축제를 열기 위해서는 자금이 필요했다. 자금을 모을 방법을 찾다 보니 퀴어 관련 활동을 돕는 지원 사업이 있다는 것을 알게 되었다. 그 가운데 청소년의 활동을 지원하는 사업도 있었다. 지원 사업으로도 부족한 자금은 펀딩을 통해 모으기로 했다. 후원해 주시는 분들에게는 우리가 직접 굿즈를 만들어 보답하기로 했다. 그런 다음 공연팀, 부스팀, 홍보팀, 디자인팀으로 인원을 나누고, 무아 전체를 총괄하는 대표와 각 팀의 대표가 모인 기획팀을 만들었다. 본격적으로 역할 분배를 하고 회의를 해 나가자 전체적인 틀이 잡히기 시작했다.

청소년이 만드는 청소년을 위한 퀴어문화축제

우리의 가장 큰 목표는 '청소년이 만드는 청소년을 위한 퀴어문화축제'였다. 소외당하고 차별받는 존재가 없는 축제를 열고 싶었다. 학교에서 운영하는 동아리라면 당연히 있어야 할 '담당 교사'도 없었다. 부스에서 판매하는 음식은 모두 비건 vegan(완전 채식)으로 하고, 공연에서 사용하는 음악은 차별적인 가사가 없는 음악이어야 한다는 것을 축제의 약속으로 정했다. 부스를 여는 참가자들에게는 쓰레기를 최대한 만들지 말아 달라고 부탁했다. 그리고 축제 현장에서는 모두가 별명을 사용하기로 했다. 나이, 성별이 특정되지 않는 호칭과 평등한 언어를 사용하기 위해서였다. 완벽히 모든 사람에게 안전하고 편안한 공간이라고 말할 수는 없지만, 우리가 할 수 있는 것은 최대한 해 보고 싶었다. 축제의 철학, 가치관은 우리에게 무엇보다 중요했다. 그것이 바로 우리가 이 축제를 만드는 이유였기 때문이다.

그러나 한국 사회에서 청소년으로만 이루어진 모임이 큰 일을 벌이는 데는 이런저런 난관이 많았다. 축제 준비를 시작하기에 앞서 무아에서 사용할 통장을 만들어야 했다. 대포 통장을 이용한 범죄가 많다 보니 체크카드를 만드는 데 필요한 조건과 확인 절차가 까다로웠다. 보호자 없이 혼자 통장을 개설하러 온 나를 은행에서는 의심의 눈초리로 보며 온갖 질문을 퍼부었다. "부모님이랑 같이 안 왔어요?" 하는 질문이 빠질 리 없었다. 한 은행에서 개설을 거부당하고, 다음 은행에 가서야 겨우 통장을 만들 수 있었다.

우여곡절 끝에 통장을 개설하기는 했으나, 이와 비슷한 문제는 펀딩을 진행할 때도 일어났다. 펀딩을 위해 굿즈도 제작하고 우리의 활동을 소개하는 글도 쓰는 등 모든 준비를 끝마쳤지만, 펀딩을 진행하려 한 텀블벅 사이트에서 승인을 해 주지 않았다. 만 19세 이상의 계좌만 등록이 가능하다는 이유 때문이었다. 어쩔 수 없이 한 교사의 계좌를 빌려 펀딩 금액을 입금 받고, 이를 다시 우리 통장으로 옮기는 수고를 거쳐야 했다.

다음 해에 진행했던 두 번째 축제에서는 이조차도 할 수 없었다. 담당 교사 없이 청소년끼리만 하는 활동은 등록할 수 없다며 신청 자체를 받아 주지 않았기 때문이다. 결국 두 번째 해에는 펀딩을 진행하지 못하고, 우리를 지지하는 분들에게 후원을 부탁하는 형태로 자금을 모을 수밖에 없었다. '청소년이 준비하는 축제'라는 것이 우리의 가장 큰 주제이자 의미였으나 바로 그 이유 때문에, '어른'이 없기 때문에 시도조차 할 수 없는 일이 많았다. 이는 청소년이 꾸리는 축제가 필요한 이유를 직관적으로 보여 주는 부분이기도 했다.

우리 학교는 대중교통으로 오가기에 수월하지 않은 깊은 산골에 위치하고 있다. 그래서 학교 밖의 사람들이 당일치기로 행사에 참여하는 데는 어려움이 많았다. 특히 청소년 참가자의 경우 자가용을 이용하기 어렵기 때문에 더 난감한 처지였다. 우리는 축제 참가자들에게 숙소를 제공하고 싶었다. 그러나 이 일은 우리의 힘만으로는 불가능했다. 이번에도 보호자 역할을 할 어른이 필요했다. 교사나 근처에 사는 졸업생들에게 대중교통으로 읍내까지 오는 참가자들에게 차편을 제공하고, 그들이 묵을 숙소를 마련해 달라고 부탁하는 수밖에 없었다. 우리는 '보호'받아야 할 청소년들이었기에 모든 일에서 어른들의 '도움'을 받아야만 했다.

전염병 뒤에 숨은 차별

첫 번째 축제를 열었던 2021년은 코로나 바이러스가 극성이었던 시기다. 준비하는 동안에는 확진자 수가 많이 줄어들어서 이제 잠잠해지나 싶었으나 축제를 앞둔 시점에 상황이 다시 심각해졌다. 1단계로 유지되던 대응 지침이 2단계, 3단계로 올라가며 한 치 앞을 알 수 없는 상황이 되었다. 우리는 추이를 살피며 교사회와 소통하고, 무아 멤버들끼리도 자주 모였다. 이제는 축제를 어떻게 운영할지가 아니라 과연 축제를 열 수 있을지가 문제였다. 2단계만 되어도 어느 정도 외부 손님을 받을 수 있을 거라 기대했지만, 결국 3단계 대응 지침을 따르는 것으로 결정되었다.

축제를 포기할 수는 없었다. 너무나 많은 시간과 노력을 들였고, 너무나 많은 사람들에게 도움을 받았기 때문이다. 그렇다고 축제 날짜를 미룰 수도 없었다. 학사 일정과 우리 모두의 상황을 고려했을 때 날짜를 미루는 것은 축제를 포기하는 것이나 마찬가지였다. 무엇보다 전염병이 확산되는 상황에서는 소수자에 대한 차별이 더 심해지기 때문에, 이럴 때일수록 퀴어 청소년의 이야기를 내보내는 것이 필요하다는 생각이 들었다. 여러 논의 끝에 외부 방문객 없이 학교 내부 인원들만 참가하는 축제로 진행하기로 했다. 아쉽지만 부스를 신청한 사람들에게는 물품을 택배로 받아 '대신 팔아 드립니다' 부스를 운영하고, 예정되어 있던 공연도 취소했다. 축제를 취소하지 않는 것만으로도 감사한 일이었다.

그런데 축제 당일, 황당한 일이 벌어졌다. 교사회에서 코로나 대응 지침을 갑자기 낮추어 축제 당일부터 학교 밖 외출을 허용한 것이다. 외부 손님을 받을 수 없었던 만큼 학교 구성원들의 참가를 기대하고 있었는데 상황이 완전히 달라졌다. 오랫동안 외출하지 못했던 학생들에게 퀴어문화축제는 뒷전이었다. 우리는 퍼레이드를 진행하던 중에 버스를 타러 나가는 학생들을 보며 씁쓸한 마음을 지울 수 없었다.

이것은 단순히 코로나에 대한 유연한 대응으로 볼 수 없었다. 그전까지 교사회는 학생들이 무언가 새로운 것을 기획하고 시도하면 언제나 적극적으로 지지해 주곤 했다. 부정적인 반응을 보이기보다는 약간의 도움이라도 주려는 것이 학교의 분위기였다. 그렇기에 펀딩이나 지원 사업 등을 통해 우리 학교와 학생들의 활동을 널리 알리는 것은 교사들의 지지를 받아 마땅한 일이라고 생각했다. 하지만 교사회의 반응은 냉담했다. 축제를 준비하면서 학사 일정을 조율하고, 외부 손님을 받기 위해 학교 공간 이용에 대해 문의하는 등 계속해서 교사회와 소통했지만 그때마다 교사들은 우리가 무엇을 준비하는지 잘 모르겠다며 소극적인 태도를 보였다. 대놓고 반대하지는 않았지만 꺼려하는 듯한 분위기를 풍겼다.

이런 상황에서 코로나는 좋은 핑계가 되었다. 교사들은 코로나 때문에 직접적인 소통이 어려워 그런 것이라며 우리의

'오해'를 불식시키려 했지만, 사실 우리의 활동에 적절한 도움을 주는 것은 마음만 먹으면 할 수 있는 일이었다. 그러나 교사들은 내내 같은 태도를 유지했다. 지지는커녕 오히려 우리가 교사회를 설득하거나 그에 맞서 싸워야 하는 구도가 되고 말았다. 우리의 기세도 다소 꺾일 수밖에 없었다. 학교에서 학생들이 여는 축제를 교사들의 차별과 냉대에 맞서 가며 준비해야 한다니 어처구니없는 일이었다.

더 황당한 일은 축제가 끝난 뒤에 일어났다. 교사회는 우리의 축제를 학교 홍보 수단으로 활용했다. 준비 과정 내내 은근한 혐오와 반대의 눈빛을 보내 놓고는 "우리 학교는 학생들이 이런 것도 할 수 있는 좋은 교육을 하는 곳이에요"라는 메시지를 대외적으로 내보내기 시작했다. 시종일관 무관심했던 교사들이 우리가 좋은 결과를 내자 자기들 좋을 대로 이용하는 모습에 화가 났다. 당사자에게는 절박한 문제를 이렇게 편리하게 수단으로 이용하다니. 이것은 우리가 이 축제를 지속해야 할 이유가 되었다.

무아지경, 마침내 열리다!

마침내 퀴어문화축제 '무아지경'이 열렸다. 무아지경은 불교 용어로 '내가 없어질 지경'이라는 뜻이다. 팀 이름인 '무아'에서 따온 것이기도 하고, 퀴어의 존재를 없애려고 하는 세상에 맞서 무아지경으로 놀아 보자는 의미를 담았다. '너의 색깔을 찾아봐'라는 슬로건과 로고송도 만들었다. 학교는 알록달록한 무지개로 뒤덮였다.

학교 카페에서 축하 영상과 밴드 빌리카터의 공연 영상을 공개하며 축제의 시작을 알렸다. 코로나로 인해 어쩔 수 없이 영상으로 진행한 공연이었지만 반응은 폭발적이었다. 모두가 노래를 따라 부르며 분위기가 후끈 달아올랐다. 다 함께 무지개 깃발을 흔들며 학교 주변을 행진했다. '다시 만난 세계', 'Born this way' 등 퀴어 퍼레이드에 빠질 수 없는 노래들도 울려 퍼졌다. 우리가 만든 로고송에 다 함께 출 수 있는 율동을 만들어 작은 플래시몹도 했다.

축제 현장에 오지 못한 사람들이 보내온 물건들을 판매하는 '대신 팔아 드립니다', 페이스페인팅을 할 수 있는 '너의 색깔을 찾아봐' 등 다양한 부스가 열렸다. '우리는 서로의 용기다(우서용)' 부스에서는 뒤에 방문할 참가자에게 용기와 응원을 담은 편지를 남기고, 앞서 다른 사람이 남긴 편지를 받아가는 프로그램을 운영했다. 자신의 정체성과 소망을 적은 종이를 벽에 붙이는 '소망을 말해 봐'와 축제 안내 및 이름표 배부를 담당하는 'QnA^Queer and Ally' 등 여러 가지 프로그램이 진행되었다. 한편에서는 누구나 무대에 올라 자유롭게 노래나 이야기를 할 수 있는 오픈 마이크 행사가 축제 현장을 들썩이게 했다. 잘하든 못하든 거침없이 무대에 올라가 마음껏 표현하는 사람들의 모습이 무척이나 아름다웠다. 저녁에는 영화도 만들고 노래도 하는 신승은 감독님과 영화 〈마더 인 로〉를 함께 보고 이야기를 나누는 프로그램도 진행했다. 현장의 반응은 그야말로 뜨거웠다.

어렵고 막막한 점도 많았지만, 축제를 준비하고 진행하는 과정은 우리에게 많은 희망을 가져다주었다. 우리 학교는 외부와 연결되기 어려운 환경이었다. 일단 학교에 들어오면 나가기 어렵고, 사회에서 일어나는 다양한 일들은 인터넷을 통해서만 접할 수 있었다. 그만큼 고립되기 쉬웠다. 외부의 활동가들을 만나고 싶다는 생각은 늘 있었지만 학사 일정을 피해 날짜를 잡는 것도, 만남을 위해 다른 지역으로 이동하는 것도 쉽지 않았다. 그래서 언제나 우리끼리만, 학교 안에서만 활동할 수밖에 없었다. 축제는 그런 한계에서 벗어나는 계기가 되었다.

무아지경은 많은 사람들의 도움으로 탄생했다. 지원 사업을 통해 성소수자 인권 단체인 '비온뒤무지개재단', '친구사

  2부 짱똘을 던졌더니 학교에도 무지개가

이’와 만날 수 있었다. 특히 ‘친구사이’로부터는 우리 활동에 대한 피드백도 받고, 다른 퀴어 청소년 모임을 소개받기도 했다. 축제를 준비하며 우리는 다른 사람들에게 도움을 청하는 방법을 배웠다. 우리와 비슷한 고민을 하는 사람들이 이렇게 많고, 저마다 다양한 활동을 하며 퀴어의 존재를 알리고 있다는 것도 알게 되었다. 뭘 어떻게 해야 할지 감을 잡지 못하고 있던 우리는 이 과정을 통해 축제의 방향을 잡아 나갔다.

많은 사람들과 연결될 수 있었던 가장 큰 기회는 축제 개최 자금을 마련하기 위해 진행했던 펀딩이었다. 처음에 우리는 펀딩 같은 건 엄청 대단한 사람들이나 하는 것인 줄 알았다. “우리 축제 하고 싶으니까 돈 좀 주세요!”라고 하는 거나 다름없는데, 과연 누가 우리를 후원해 줄까 싶었다. 그러나 예상과 달리 많은 사람이 후원에 참여해 목표 금액의 200퍼센트를 달성했다. ‘청소년이 만드는 청소년을 위한 퀴어문화축제’라는 우리의 목표에 공감하는 사람들이 생각보다 훨씬 많았다.

그 후원금은 단순히 ‘많다 혹은 적다’로 말할 수 있는 돈이 아니었다. 거기에는 우리를 기꺼이 지지하고 응원한다는 의미가 담겨 있었다. 일면식도 없는 사람들이 퀴어 청소년들의 자그마한 축제를 응원한다는 사실은 우리에게 너무나 큰 힘이 되었다. 그중에서도 특히 기억에 남는 것은 전국교직원노

동조합(전교조)과 성소수자교사모임 Queer Teachers with Queers(QTQ)의 후원이었다. 그때까지 우리는 축제 준비를 은근히 방해하는 교사들 때문에 많이 힘들었는데, 펀딩을 통해 또 다른 어딘가에는 우리의 뜻에 공감하는 교사들이 있다는 사실을 알게 되었다. 각기 다른 곳에 속해 있지만 '학교'라는 공간에서 함께 변화를 시도하고 있다는 점에서 그들의 응원은 더욱 크게 다가왔다.

펀딩이 끝나고 후원자들에게 우리가 만든 굿즈를 전달해야 했다. 그런데 택배를 보내는 과정에서 쓰레기가 너무 많이 나올 것 같았다. 우리는 포장을 위한 박스와 비닐을 새로 사는 대신 마을 사람들과 학교 구성원들에게 쓰고 남은 상자와 포장재를 모아 달라고 부탁했다. 일명 '포모동(포장지 모으기 운동)'이었다. 후원자들에게는 이러한 의도를 전하며 미리 양해를 구했다. 그 결과, 놀랍게도 50개가 넘는 택배를 모두 포장하고도 남을 정도의 상자와 포장재가 모였다. 우리는 다 함께 모여 굿즈를 하나하나 포장한 뒤 마을 우체국에 가져가 후원자들에게 발송했다. 어쩌면 유난스러워 보일지도 모를 우리의 가치관에 공감하며 도움을 주고자 하는 사람이 이렇게 많다니 세상이 조금은 달리 보였다. 할 수 없을 것처럼 보이는 일도 막상 해보면 어떻게든 해낼 수 있고, 도움을 요청하면 기꺼이 도움을 주는 사람들이 있다는 걸 알게 된 대단히 값진 경험이었다.

두 번째 무아지경

다음 해에는 다른 대안학교의 퀴어 동아리인 '무운'과 함께 서울퀴어문화축제에 참여했다. 두 개의 퀴어 청소년 모임이 합심해서 부스를 열었다. 무아지경 축제에서 진행했던 '우서용' 프로그램을 가져와, 부스에 방문한 사람이 축제 참여자들에게 편지를 쓰면 다음 방문자에게 그 편지를 전달하는 이벤트를 했다. 서로를 응원하는 마음을 꾹꾹 눌러 담아 편지를 쓰는 사람들, 편지에 담긴 진심에 힘을 내는 사람들을 보며 마음이 따뜻해졌다. 첫해에 무아지경을 함께 준비했던 졸업생들도 찾아와 부스를 지켰다. 무운에서는 당시 진행하고 있던 동화책 프로젝트를 홍보하고 굿즈도 판매했다. 무아와 무운이 '퀴어 청소년'이라는 이름으로 함께 목소리를 낸다는 사실이 뿌듯했다.

서울퀴어문화축제가 끝나고 우리는 두 번째 무아지경을 열었다. 이때는 드디어 외부 참가자들도 함께할 수 있었다. 첫해에 함께하지 못해 아쉬웠던 반가운 사람들을 잔뜩 만났다. 이때도 우리는 두 번의 영화 행사와 오픈 마이크, 새로운 재미있는 부스들로 학교를 다시 한번 무지개로 뒤덮었다. 열기 가득한 두 번의 축제 현장에서 결국 우리 모두가 원하는 것은 '있는 그대로의 나'로 살아가는 것임을 알게 되었다. 각자 속한 공동체, 살아가는 공간은 다 다르지만 그 안에서 겪는 고충이나 이루고자 하는 바람은 모두 비슷했다. 그렇게 많은 사람들이 우리를 후원하고 응원해 준 이유도 그 때문일 것이다.

우리는 축제의 현장에서 자유롭고 행복했다. 누구든 노래하고 춤추고 발언할 수 있었고, 무엇을 하든 뜨거운 응원을 받았다. 축제 속에서 우리가 앞으로 함께 안전하고 행복하게 살아갈 수 있는 방법을 살짝 엿본 듯했다. 모두가 있는 그대로 존중받고 사랑받는다면, 매일이 무아지경인 것처럼 즐기며 살아갈 수 있지 않을까?

축제가 끝나고 난 뒤

두 번의 무아지경이 끝나고 세 번째 해를 맞이했을 때, 우리의 가장 큰 고민은 '이 축제를 지속할 수 있을까?'였다. 무아에서 활동하던 사람들 대부분이 졸업하고, 단 두 명의 멤버만이 남았기 때문이다. 그러나 이대로 무아의 여정을 끝내기에는 남은 두 사람의 마음이 너무나 간절했다. 짱똘의 멤버도 거의 다 졸업한 상황에서 무아까지 없어지면 퀴어와 앨라이가 안전하

     2부 짱똘을 던졌더니 학교에도 무지개가

게 모일 공간이 사라지는 것이었다.

솔직히 말하면 무아가 재미있는 단체는 아니었다. 하는 일이라곤 축제 준비를 위한 회의뿐이었으니까. 무아를 지속하기 위해서는 멤버 모두가 재미를 느끼며 참여할 수 있는 단체가 되어야 했다. 그래서 우리는 더 이상 축제를 준비하지 않기로 했다. 축제만이 갖는 힘이 분명 있었지만, 지금은 이 모임을 지속하는 일이 더 중요했다.

함께할 멤버를 모집하자 다행히도 세 명이 새롭게 합류했다. 다섯 명이 되니 뭐든 할 수 있을 것 같았다. 축제 준비를 위한 팀이 아닌 모임으로서의 무아는 소소한 활동들을 이어 갔다. 무엇을 거창하게 준비하기보다는 모여서 맛있는 것을 먹고, 웃고 떠들며 시간을 보냈다. 방학 때는 한 멤버의 집으로 놀러가 산책을 하고, 밥도 해 먹고, 보드게임도 하며 친목을 다졌다.

우리는 더 이상 축제를 준비하지 않았지만, 축제에는 '변화를 만들어 내는 힘'이 있다는 것을 잘 알고 있었다. 시간과 공간을 온전히 우리의 것으로 만드는 그 힘을 우리는 잊지 못했다. 무아지경만큼 성대한 축제는 아니더라도 사람을 모을 수 있다면 좋을 것 같았다. 그래서 생각해 낸 것이 버스킹이었다. '무지개 핀 저녁'이라는 이름으로 저녁에 두 시간 남짓 공연을 해 보기로 했다. 공연자를 섭외하고 포스터를 만들어 홍보했다.

'무지개 핀 저녁'에는 생각보다 많은 사람들이 모였다. 준비해 놓은 의자가 모자라 주변 계단에까지 옹기종기 모여 앉을 정도였다. 먼저 퀴어에 대한 간단한 게임을 진행하고, 이어서 준비한 공연을 시작했다. 모두가 하나로 어우러져 노래와 춤에 흠뻑 빠져드는 모습이 첫 번째 무아지경에서 빌리카터의 공연을 보던 때와 똑같았다. 공연이 끝난 뒤에는 무아지경에서 했듯이 오픈 마이크 시간을 마련해 누구나 자유롭게 공연할 수 있게 했다.

모두 이런 자리를 기다려 왔던 것일까. 평소 인권 관련 활동에 소극적이었던 학생들도 편안한 표정으로 참여하는 것이 눈에 띄었다. 즐거운 자리에 음식이 빠질 수 없었다. 떡볶이, 각종 채소로 만든 전, 비건 쿠키, 코코아 등을 준비해 대부분은 무료로 나눠 주었고, 판매할 경우에는 아주 싼값으로 팔았다. 수익을 남기기보다는 '다 함께 재미있게 노는' 자리를 만들고 싶었다. 퀴어들이 신나게 놀면서 살아가는 모습을 보여 주고 싶었다.

우리는 무아지경보다 작은 규모로, 부담이 적은 행사를 꾸리며 또 한 번 함께하는 즐거움을 맛보았다. 모두가 즐겁고

　　2부 짱돌을 던졌더니 학교에도 무지개가

안전한 그 시간과 공간이 소중하게 느껴졌다. '우리의 활동을 계속 이어 갈 수 있을까' 하는 고민은 끝나지 않았지만, 고민을 하면서도 무언가 새로운 일을 계속 도모하는 것도 의미가 있었다. 두 번의 축제와 한 번의 버스킹, 이렇게 3년의 시간을 보내며 우리는 재미있게 모여 노는 것이야말로 활동을 지속해 나갈 수 있는 방법이라는 것을 알게 되었다. 지금은 모두 학교를 졸업하고 각자 다른 곳에서 생활하고 있지만, 짱똘과 무아를 통해 경험한 그 감각이 지금까지도 우리에게 큰 힘이 되고 있다. 언제든 우리가 모여 무언가를 도모하면 더 많은 사람들과 연결될 수 있다는 것을, 그 안에서 즐거움과 따뜻함을 느낄 수 있다는 것을 우리는 알고 있다.

누구나 즐겁게 참여하는 퀴어문화축제를 꿈꾸며

우리는 어디에서, 어떨 때 '안전함'을 느낄까. 분명 나에게 학교는 안전한 공간이 아니었다. 학교를 졸업하고 접한 여러 공간도 안전하다고 느껴지지 않았다. 내가 안전하다고 이야기할 수 있는 공간은 짱똘, 무아와 같은 모임, 그리고 퀴어문화축제 현장이었다. 나에게 퀴어라는 정체성은 아주 큰 부분을 차지하고 있어서 이를 온전히 존중받지 못하는 공간에서는 안전함이나 편안함을 느끼지 못했다. 그래서 퀴어들을 만날 수 있는 기회를 더 많이, 계속해서 찾아다녔다.

학교를 졸업하고 성인이 된 후 참가했던 퀴어문화축제는 청소년 시기에 경험했던 축제와는 달랐다. 짱똘 활동을 하고 무아지경을 진행하면서 퀴어 청소년으로서 계속 목소리를 내왔지만, 성인으로서 축제를 경험해 본 적이 없으니 그 차이를 제대로 인지하기 어려웠다. 성인이 되어서야 비로소 그 차이를 실감했던 것이다. 보호받아야 하는 대상에서 벗어나니 다른 지역으로 이동하는 것도 자유로웠고, 퀴어문화축제에 가든 어디에 가든 양육자나 교사의 허락을 구할 필요도 없었다. 완전한 경제적 독립까지는 아니어도 아르바이트를 해서 번 돈으로 교통비를 내고, 축제를 마음껏 즐길 수 있었다. 막차 걱정을 하며 퍼레이드 중간에 빠져나오지 않아도 되는 것은 정말 신나는 일이었다. '퀴어문화축제는 어린이, 청소년에게 유해하다'는 말도 더 이상 나에게 해당되지 않았다. 무엇보다 청소년이라는 이유로 학교 안팎의 여러 활동에 제약을 받는 이들에게 도움을 줄 수 있는 사람이 되었다는 게 좋았다.

학교를 졸업하고 2년쯤 지났을 때 워킹 홀리데이 비자를 받아 호주에서 살 기회를 얻었다. 호주에 가며 세웠던 가장 중요한 목표는 퀴어 친구를 만나는 것이었다. 한국에서 퀴어 인권 운동에 참여하며 다양한 퀴어 동료를 만난 것이 매우 소중한 경험이었기에 호주에서도 서로 응원하고 의지할 퀴어 친구들을 만나고 싶었다. 처음에는 어디서 어떻게 만나야 할지 막막했지만, 금방 각종 퀴어 모임이나 파티 등을 찾을 수 있었다. 용기를 내어 퀴어 모임에도 나가고, 브리즈번 지역의 작은 동네에서 열린 퀴어문화축제에도 가 보았다. 호주는 땅이 넓어서인지 모든 게 다 컸다. 이 축제도 그랬다. 서울광장만큼 넓은 공원이 각종 부스들로 가득 채워졌다. 함께 간 사람들과 그 넓은 공간을 자유롭게 누비며 축제를 즐겼다.

얼마 후에는 호주에서 가장 큰 퀴어 행사인 마디그라에 참여했다. 마디그라는 시드니에서 약 한 달간 진행되는 퀴어 문화축제로 시내 곳곳에서 다양한 행사가 열린다. 마디그라의 하이라이트인 퍼레이드에는 참여하지 못했지만, 공원에 각종 부스와 공연이 펼쳐지는 '페어 데이'에는 참여할 수 있었다. 유명한 축제답게 어마어마하게 큰 공간에 다양한 부스가 열렸다. 들어가자마자 페이스페인팅을 하고, 온갖 부스를 둘러보며 흥겨운 축제 분위기에 흠뻑 빠져들었다. 2월이었지만 호주는 여름이었기에 뜨거운 햇살에 땀이 뻘뻘 났다.

호주에서 두 번의 퀴어문화축제에 참가하며 무언가 어색함을 느꼈다. 그 어색함의 정체는 안전함이었다. 무엇보다 혐오 세력을 찾아볼 수 없었다. 이런 축제에 반대한다는 것은 상상도 할 수 없는 일이라는 듯 내내 평화로웠다. 한국의 퀴어문화축제를 늘 둘러싸고 있던 펜스나 경찰 버스는 찾아보기 어려웠다. 오히려 시드니에서는 마디그라가 다가오자 도시 곳곳이 온통 무지개로 꾸며졌다. 집집마다 가게마다 무지개 장식을 달기 바빴다. 또, 가족 단위 참가자가 많았다. 유아차를 끌고 다니는 사람들, 양육자의 손을 잡고 돌아다니는 아이들이 많이 보였다. 어린이들을 위한 부스와 공연 무대도 별도로 준비되었다. 그중 가장 인상 깊었던 것은 어린이 참가자들이 드랙 메이크업(화려한 의상, 과장된 화장 등을 통해 기존의 성별을 재해석해 표현하는 것)을 하고 무대에 오르는 '드랙 런웨이' 행사였다. 누가 어떤 모습으로 꾸몄든 모두에게 박수와 환호를 하는 장면이 낯설지만 따뜻하게 느껴졌다. '퀴어문화축제는 어린이, 청소년에게 유해하다'고 말하는 한국과 달리, 호주에서는 어린이들도 신나게 축제를 즐기고 있었다.

호주가 완벽하게 평등한 나라라고 말할 수는 없다. 그곳에도 차별과 혐오, 소수자 탄압의 역사가 있고, 그에 맞서 싸워온 사람들이 있다. 그 긴 시간의 결과가 내가 마주한 장면이며, 여전히 지난한 싸움을 하는 사람들이 있다. 그럼에도 나는 호주의 퀴어문화축제를 보면서 한국 사회도, 한국의 학교도 달라질 수 있다는 희망을 얻었다. 나이나 장애 유무, 피부색, 언어와 상관없이 평등하고 안전하게 즐길 수 있는 퀴어문화축제가 어떤 모습인지 상상할 수 있게 되었기 때문이다.

인천퀴어문화축제에서 벌어졌던 일들, 끊임없이 좌절되는 차별금지법(정치, 경제, 사회, 문화적 생활의 모든 영역에서 성별, 장애, 병력, 성 정체성 등을 이유로 차별받지 않고, 차별 피해가 발생했을 경우 구제받을 수 있도록 규정하는 법률) 제정 같은 상황을 맞닥뜨리면 여전히 제자리걸음이거나, 오히려 퇴보하고 있는 것 아닌가 싶을 때도 많다. 그러나 퀴어문화축제는 끊임없이 열리고 있다. 해가 지날수록 더 많은 지역에서 더 많은 사람들이 모이고 있다. 최근에는 가족 단위의 참가자도 많아지고 있다고 한다. 이는 퀴어들에게 살아갈 희망이 되고, 안전하게 살아갈 수 있겠다는 믿음이 된다. 언젠가는 혐오가 없는, 그 누구도 차별받지 않는 퀴어문화축제가 열리길 진심으로 바란다.

공간과 제도

우리 사회에는 청소년과 관련된 수많은 공간과 제도가 존재합니다. 그 대부분은 청소년을 안전하게 보호하기 위해 만들어진 것이지만, 때로 청소년을 억압하고 차별하는 수단이 되기도 합니다. 안전을 위해 마련한 것들이 오히려 안전을 위협하는 셈이지요. 청소년은 공간과 제도를 만드는 과정에 참여하기 어렵기 때문에 더 큰 억압과 부당함을 경험합니다. 특히 대부분의 시간을 보내는 학교에서 자신의 존재를 부정당하거나 머무를 공간이 없다고 느낀다면 누구라도 답답하고 괴롭지 않을까요? 여기서는 그동안 우리가 당연하게 여겼던 학교 안팎의 공간과 제도를 다른 시선으로 바라보고자 합니다.

화장실, 탈의실, 기숙사 등 공용 시설의 대부분은 지정 성별에 따라 여성 혹은 남성으로 구분되어 있습니다. 이와 같은 성별 이분법적인 시설은 트랜스젠더 퀴어 청소년이 어디에도 편히 속할 수 없게 합니다. 화장실이나 기숙사처럼 누구나 필수적으로 이용해야 하는 공간을 자유롭게 사용하지 못한다면 어떻게 될까요? 화장실에 가고 싶어도 참거나, 기숙사에서 '내가 있어야 할 곳이 아닌 것 같은' 불편함을 느낄 수 있습니다.

물론 화장실이나 기숙사같이 이미 존재하는 공간을 단번에 '모두에게 안전한' 공간으로 바꾸는 건 어려운 일입니다. 성별이 구분되지 않을 때 불안함을 느끼는 사람도 있으니까요. 서로의 생각 차이를 좁히기 위해서는 공동체 구성원 간의 소통이 중요합니다. 우려되는 지점을 조율하여 모든 구성원이 안전하게 지낼 수 있는 환경을 차차 만들어 가야 해요. 그 과정에서 퀴어 청소년 당사자가 직접적인 혐오 표현을 마주하지 않도록 신경 써야 하고요. 솔직한 생각을 표현하는 것과 누군가를 '혐오'하는 것은 엄연히 다릅니다. 의견을 드러내는 것이 혐오가 되지 않도록 충분한 설명과 사전 교육이 꼭 필요합니다.

시험을 볼 때나 서류를 작성할 때 성별을 기입해야 하는 것도 트랜스젠더 퀴어 청소년에게는 난감하고 불편할 수 있습니다. 자신의 성 정체성과 무관하게 지정 성별에 따라 성별을 기입해야 하니까요. 빈칸으로 남겨 두거나 지정 성별과 다르게 표기했을 때 어떤 불이익이 생길지 모르니 마음대로 선택하기도 어렵습니다. 이를 해결하기 위한 가장 좋은 방법은 성별 기입란 자체를 없애는 것입니다. 만약 성별 기입이 꼭 필요하다면, 선택지 가운데 하나로 '성별 미기재' 혹은 '기타' 칸을 마련하면 어떨까요? 누구나 필수로 이용해야 하는 공간이나 규칙, 제도를 만들기 전에 다양성을 고려하는 것이 퀴어 청소년에게 안전한 세상을 만드는 출발점이 될 수 있습니다.

❷ 청소년의 선택과 의사를 존중하기

사회에서 청소년은 '보호해야 할 존재', '온전하지 못한 존재'로 여겨집니다. 무언가를 시도하기 위해서는 양육자의 동의가 필요하고, 청소년에게 문제가 생기면 바로 양육자에게 상황이 전달됩니다. 학교에서 누구와 어떤 관계를 맺는지, 성적이 어떤지 등 청소년의 개인 정보가 당사자의 동의 없이 양육자에게 낱낱이 공개됩니다. 그 과정에서 청소년은 자신의 정보에 대해 아무런 권한을 가지지 못합니다. 알리고 싶지 않은 정보도 내 의지와 상관없이 교사 혹은 양육자에 의해 전달될 수 있는 것이죠. 이와 같은 구조에서 퀴어 청소년은 아우팅될 위험이 있습니다. 당사자의 의사와 상관없이 정체성이 공개되는 것이지요. 커밍아웃을 하는 것도, 하지 않는 것도 온전히 개인의 선택이어야 합니다. 양육자와의 관계에서 완전히 자유롭기 어려운 청소년 시기의 아우팅은 더 큰 위험이 될 수 있습니다.

정체성뿐만 아니라 인간관계나 학교생활에 대한 내용도 모두 당사자의 동의가 우선인 개인 정보입니다. 누구에게나 말하고 싶지 않은 비밀이 있듯이 청소년에게도 말하고 싶지 않은 이야기가 있다는 것을 기억해 주세요. 양육자에게 전달하기 전에 청소년에게 먼저 동의를 구하는 것부터 시작하면 어떨까요?

❸ 다양성 교육

대부분의 학교에서는 이성애와 시스젠더를 전제로 하는 교육이 이루어집니다. 퀴어는 마치 없는 존재처럼 쉽게 지워집니다. 스스로 관심을 가지고 찾아보지 않는다면 퀴어의 존재 자체를 인식하지 못할 수도 있습니다. 왜곡된 정보를 접하며 퀴어에 대한 편견이 생길 수도 있고요. 어떤 사람들은 청소년에게 퀴어 교육을 하는 것이 '동성애를 부추기는 일'이기 때문에 문제가 있다고 말합니다. 그러나 동성애는 부추겨지는 것이 아닐뿐더러, 학교와 사회에는 이미 퀴어 정체성을 가진 청소년이 존재하고 있습니다. 우리 주변 곳곳에 퀴어 청소년이 살고 있다면 그들이 안전하게 생활할 수 있는 환경을 만들어야 하지 않을까요?

학교에서, 그리고 사회에서 교육 과정을 통해 다양한 정체성에 대해 알려 준다면 우리는 더 다양한 존재, 더 다양한 관계를 상상하며 타인을 만나고 미래의 여러 가능성을 그려 볼 수 있을 것입니다. 퀴어 청소년들은 애써, 몰래 정보를 찾지 않고도 자유롭고 자연스럽게 자신의 정체성을 고민할 수 있을 테고요. 퀴어 혹은 다양성 교육은 우리가 자신의 정체성을 탐구하는 과정에 도움을 줄 뿐만 아니라, 퀴어 청소년이 주변 사람들에게 지지와 응원을 받는 계기가 될 것입니다.

❹ 서로의 동료가 되기

앞서 말한 일들을 실현하기 위해서는 사람들의 인식이 달라져야 합니다. 공동체 구성원들이 퀴어의 존재를 인정하고 존중해야 평등한 공간과 제도를 만들 수 있을 테니까요. 퀴어 청소년에게는 '내가 이 공동체에서 배제당하지 않겠구나', '이곳은 안전하구나'라는 감각이 매우 중요합니다. 그리고 그 감각은 함께하는 동료들로부터 채워질 수 있습니다. 내가 어떤 모습이든 지지하고 응원하는 사람들이 주변에 있다면 자신의 정체성을 있는 그대로 긍정할 수 있을 것입니다.

퀴어 청소년들이 자신의 존재를 자유롭게 드러낸다면 정체성을 고민하고 있거나 퀴어를 지지하는 청소년들이 그들을 알아보고 다가올 수 있을 것입니다. 무지개 배지를 가방에 다는 사소한 행동부터 퀴어 도서를 도서관에 신청하거나 믿을 만한 친구에게 슬쩍 선물하는 조금은 과감한 행동까지! 각자가 낸 용기가 언제 어디서 누군가와 연결될지 모릅니다. 퀴어 수업을 개설한 유랑의 작은 용기가 꼬꼬를 만나는 계기가 되고, 꼬꼬와 구구의 커밍아웃이 짱똘을 만들었던 것처럼 말이죠. 애써 동료를 찾지 않아도 모두의 다양성이 존중받는 세상, 짱똘의 이야기가 더 이상 특별하지 않은 세상을 꿈꿉니다.

우리가 상상하는 퀴어한 학교

우리는 지금 여기서 잘 살 것이다

재미없는 사람의 이야기

가끔 의심한다. 나는 재미없는 사람이겠지? 자주 확신한다. 적어도 재미있는 사람은 아닐 거라고. 저학년 때 나는 도서관에 틀어박혀 책만 읽었다. 소설이나 에세이도 좋아했지만 시를 제일 좋아했다. 소설이나 에세이도 아니고 하필 시였다. 기숙사에 올라가서도 책을 읽거나 공부방에서 글을 썼다. 가끔은 사회 운동을 했다.

과거의 시간을 가늠해 보지만 내 기억은 불완전하다. 끔

찍하게 힘들었던 시간의 기억은 기억 상실이라도 온 것처럼 끊겨 있다고 한다. 나는 두 개의 인생이 남부럽지 않다. 밤중에 옷장이나 창문 너머 외딴 세계로 여행을 다녀온 아이처럼 고단한 기분이다. 무언가 중요한 걸 까먹기라도 한 듯이 허전하다. 피터 팬을 따라 여행을 다녀온 아이처럼.

나에게는 스무 명의 친구가 있었지만, 그들을 친구라 부르기에는 민망했다. 까다롭게 따져 본다면 대안학교에 입학한 뒤부터 4학년 때까지 친구가 단 한 명도 없었다. 나는 외향적인 성격이 전혀 아니었고, 24시간 누군가와 붙어 사는 학교에서 모든 순간 긴장하고 있었다. 기회만 되면 집으로 갔고, 늘 아주 바쁘게 지냈다. 일을 만들어서 하는 것 말고는 무엇을 해야 할지 몰랐다. 책을 읽고 글을 썼고, 여러 가지 자치 단체 활동을 했다. 스스로 채운 시간표는 항상 무언가로 가득 차 있었다.

혼자만 불편할 수는 없다

학교에 적응하지 못하고 항상 극도로 긴장한 상태였던 나는 선배들에게 존댓말을 썼다. 우리 학교에는 선배에게 존댓말을 쓰는 사람이 없다시피 했기에 나는 더 재미없는 사람처럼 보였고 선배들과도 잘 지내지 못했다. 시간이 꽤 지난 뒤에도 나는 말을 놓지 않았다. 내성적이고 눈치를 많이 보는 성격 때문이기도 했지만, 나 혼자만 불편하기는 싫었던 마음도 있었던 듯하다.

학교에서는 나이가 많은 사람에게 '언니, 오빠, 누나, 형' 같은 성별 호칭을 쓴다. 나는 그게 싫었다. 하지만 대안이 생각나지 않았다. 누군가는 존댓말을 하면서 성별 호칭을 쓰느니 차라리 말을 놓고 성별 호칭을 쓰는 게 낫다고 생각할지도 모르겠다. 그런데 당시의 나는 이런 생각을 했던 것 같다. 나는 불편한 성별 호칭을 쓸 테니, 너는 불편한 존댓말을 들어라. 정 불편하다면 둘 다 쓰지 말든가. 실제로 그렇게 뜻이 맞아서 평어를 쓰게 된 경우도 있지만, 끝까지 모두에게 당당하게 그 이야기를 하지는 못했다. 마치 커밍아웃을 하는 것처럼 어렵고 두려웠다. 대안학교 중에는 서로 별명을 부르거나 평어를 쓰는 곳이 많다. 하지만 우리 학교는 선후배 간의 분명한 위계가 있었고, 후배가 선배를 따르는 문화가 강했다. 다른 대안학교처럼 좀 더 수평적인 분위기였다면 내가 그렇게까지 긴장하며 살지는 않았을지도 모르겠다.

동료 만들기

혼자서만 할 수 있는 일들이 분명 있다. 스스로를 무너뜨리고 넘어서는 일. 혼자 공책에 끝말잇기를 하다가 눈물을 흘리는 일. 외로워하다가도, 바로 그렇게 외롭기 때문에 할 수 있는 일. 좀 더 멋있게 말하자면 고독이라는 일 말이다. 나는 학교에서 대부분의 시간을 고독으로 채웠다.

많은 사람들 속에서 혼자인 것이 대체로 좋았지만, 세상에는 분명 '함께'가 필요한 일도 있었다. 망망대해 같던 학교에서 내가 유일한 퀴어가 아니라는 사실을 알았을 때, 그때가 바로 '함께'가 필요한 순간이라는 걸 나는 직감적으로 알았다. 크고 단단한 무언가를 바꾸는 일은 함께하는 편이 낫다. 많은 절망과 가끔의 희망을 여럿이 함께 하나하나 밟고 지나가야 한다. 너무 사소하고 당연해서 지나쳤지만, 한 번도 중요하다고 생각해 본 적이 없었지만, 그 무렵 나는 '혼자가 아니라는 감각'이 내게 정말 필요했다는 걸 알게 되었다.

내게 그런 감각을 일깨워 준 이들은 짱똘과 무아였다. 그들은 기꺼이 내 동료가 되어 주었다. 문제는 그들이 너무 선배였다는 것이다. 내가 짱똘에 가입한 1학년 때 다른 사람들은 이미 고학년이었다. 무아에서도 마찬가지였다. 무아를 시작한

2021년에 나는 2학년이었고, 다른 멤버들은 5, 6학년이었다. 학창 시절에 서너 살 차이는 정말 크다. 내가 보기에 그들은 거인이나 100살 먹은 난쟁이 같았다(키는 내가 큰 편이었으니까). 짱똘과 무아는 내게 동료였지 친구는 아니었다. 게다가 내가 3학년이 되자 짱똘 멤버 중에는 풀만 남았고, 무아도 반 이상이 졸업했다. 4학년이 되어서는 내가 유일하게 남은 짱똘이었고, 무아에서도 가장 오래 활동한 사람이 되었다. 이제 막 적응하고 나니 동료가 다 사라졌다.

2022년 두 번째 축제를 마치자 무아에는 나를 포함해 두 명만이 남았다. 우리에게 무아는 무척이나 소중했다. 무아를 계속하고 싶은 마음에 새로운 동료를 찾아 나섰다. 가장 먼저 무아로 불러들인 사람은 같은 학년의 친한 친구였다. 그 친구는 무아에서 굿즈로 만든 양말을 공짜로 많이 가져갔기 때문에 무아의 대주주로서 함께할 의무가 있었다. 2023년이 되자 6학년 두 명이 함께하고 싶다고 찾아왔다. 열한 명에서 두 명만 남았다가 다시 다섯 명으로 무아가 살아나는 순간이었다. 이후 세 명이 더 합류했다.

여름방학에는 집으로 무아를 초대해 함께 놀았고 2학기에는 다양한 활동을 기획하고 진행했다. 무엇보다 재미있게 놀았다. 다음 해인 2024년에는 6학년이 졸업하며 다시 위기를 맞았지만, 신입 부원을 어렵사리 맞이했다. 그리고 2025년에 나는 6학년이 되었고, 또 다른 신입 부원이 들어와 무아는 비교적 안정적으로 굴러가기 시작했다. 동료가 필요했지만 어떻게 만들어야 할지, 함께 무엇을 해야 할지 몰랐던 내가 어느덧 동료를 여럿 가진 최고 학년이 되어 학교에서의 마지막 1년을 보냈다.

지금 여기서 잘 살고 싶다

흔히 학교는 하나의 작은 사회라고 말한다. 우리는 학교에서 수학과 국어만이 아니라 관계를 배웠다. 친구들하고 시간을 어떻게 보내는지, 싸웠을 때는 어떻게 화해하는지, 같은 공간에서 어떻게 서로 배려하며 살아갈 수 있는지 등을 배웠다. 매일 우리가 지내는 곳을 청소하고 요리, 목공, 바느질, 제빵 기술을 익히며 '자립의 근육'을 키웠다. 원하는 것이 있으면 직접 제안하고 함께 논의했다.

희망하는 법과 절망하는 법을 동시에 배웠다. 우리는 학교라는 울타리 안에서 많이 안전했고, 어떤 면에서는 더 위협받았다. 학생이고 청소년이라서 보호받기도 했지만 권리를 빼앗기거나 존재를 무시당하는 일도 많았다. 우리는 학생이었지만 우리에게 일어난 모든 일을 '학교'라는 단어만으로는 설명할 수 없다. 우리는 이 공간과 공동체 속에서 학교보다 더 큰 세상을 경험했다.

비성년 시기를 보내는 청소년은 '예비 존재'로 취급되곤 한다. 동등한 존재라기보다는 아직 사람이 덜되었다고 보는 것이다. 그래서 사람이 응당 누려야 할 권리를 아직 덜 누려도 된다고 여겨지고, 청소년이 하는 경험은 온전하게 존중받지 못한다. 그러다가 몇 살 이상이 되면 갑자기 뽕 '진짜 사람'이 되었다면서 모든 권리를 획득한다. 금지되었던 일들이 가능해지고, 무시당했던 존재가 인정받기도 한다. 이 모든 것이 오로지 열아홉 번째 생일에 달려 있다는 게 기이하게 느껴지기도 한다.

바로 이 나이 때문에 청소년은 법적으로 스스로를 책임질 수 없다. 자립할 능력이 있는지 없는지와는 상관없이 나이가 차지 않았다는 이유로 학교 또는 양육자가 청소년을 대신해 법적 책임을 진다. 때로는 이 '책임'이 청소년의 자유를 앗아 가기도 한다. 어디까지가 책임지는 것이고, 어디서부터가 자유를 앗아 가는 것일까. 그 구분은 매우 모호하다. 교사와 양육자가 학생들의 안전을 고려해 최소한의 자유를 앗아 가는 것은 어쩔 수 없고 옳기도 하다. 그러나 그것이 언제나 최소한인지

만은 않았다는 것이 문제다. 때로는 청소년에 대한 존중이 생략되기도 한다. 그럴 때마다 우리는 어디까지는 침해당하거나 빼앗겨도 괜찮은 건지 고민하며 목소리를 냈다.

투표 같은 사회적 제도에 진입할 때는 '예비' 단계가 필요할 것이다. 하지만 청소년이 하나의 존재로서도 '예비'인 것은 아니다. 우리가 하는 경험도 '예비 경험'은 아니다. 우리는 한 사람의 온전한 존재로서 진짜 경험을 했다. 우리는 나중이 아니라 지금 여기서 잘 살고 싶다.

사명감이 아니라 애정으로

우리가 짱똘을 통해서 했던 일들, 학교와 사회를 바꾸기 위해서 했던 모든 일은 다 진정으로 원해서 했다. 누군가 '해야 돼'라고 압박해서 했던 일들이 아니다. 많은 사회 운동이 '해야 하니까'라는 사명감으로 이루어지곤 한다. 해야만 한다는 당위가 나의 의지를 지배하고, '나라도 하지 않으면 안 된다'는 책임감이 어깨를 짓누른다. 처음에는 진심으로 원해서 시작했더라도 어느 시점에는 과거로부터 온 압박감만이 남는다. 당위만으로 활동을 이어 갈 때, 우리는 타인에게 쉽게 분노하곤 한다. 이렇게 중요한 일에 관심을 갖지 않는 이들, 모두의 미래를 위해 최소한의 노력조차 하지 않는 이들, 자신의 사소한 편리함과 욕구를 위해 부정의에 눈감는 이들을 원망하고 증오하기도 한다. 우리에게 그런 순간이 없었다고 말한다면 거짓말일 것이다.

하지만 어느 순간부터 우리에게 사명감은 다른 의미였다. 우리를 움직였던 사명감은 애정이었다. 우리는 이 학교와 공동체를 너무나 좋아했기에 사랑하는 마음으로 이 일들을 했다. 만약 무거운 사명감, 증오와 분노로 이 활동을 이어 왔다면 금세 지쳐서 포기했을 것이다. 애초에 세상을 바꾸려는 시도를 하지 않았을지도 모른다. 이 모든 일을 우리는 증오와 책임 때문이 아니라 애정으로 했다. 이 애정이 당위의 또 다른 말이 아니라는 것을 분명히 하자. 나는 이 일이 결국 나의 행복을 위한 일이었다는 것을 확실히 하고 싶다. 나의 행복이 우리의 행복, 사회의 행복과 분리될 수 없다는 것을, 모두의 행복은 긴밀하게 연결되어 있다는 것을 이제 우리는 온전히 이해하고 있다.

'학교가 아니라 사회에서 싸워라'라는 말을 듣기도 했다. 대안학교는 이미 많이 변화해 왔고 진보적인 공간이니 변화가 더 많이 필요한 사회에 나가서 싸우라는 뜻이다. 하지만 우리가 지냈던 학교에도 학교 밖 사회와 마찬가지로 약한 존재들이 배제되는 차별적인 구조가 있었다. 학교에서 싸우지 말라는 말은 사실 어디에서도 싸우지 말고 그저 복종하고 순응하라는 말과 다르지 않다.

우리는 지금 여기, 학교와 공동체라는 작은 사회에서 잘 살고 싶었다. 나를 위한 일이 학교와 공동체를 위한 일과 다르지 않다고 생각했기 때문에 짱똘과 무아로 활동하며 여러 가지 일을 벌였다. 학교가 만든 울타리를 적극적으로 깨부수고 그 밖으로 나왔다. 아니, 사실 울타리 같은 건 없다는 것을 알게 되었다. 또 우리는 앞으로 살아갈 예비 존재가 아니라 이미 충분히 살아가고 있는 진짜 존재라는 것을 깨달았다.

다시 태어난다면

하루는 짱똘 멤버들끼리 밥을 먹다가 "만약 우리가 백인이고, 부자이고, 권력을 가진 남성으로 태어났다면 어땠을까?"라는 이야기가 나왔다. 다시 태어난다면 지금과는 다르게 살고 싶은지, 아니면 여전히 퀴어, 소수자, '비정상'으로 태어나고 싶은지 서로에게 물었다. 다들 멈칫했다. 잠시 고민했지만 답은 모두 같았다. 돈 많은 백인 남성, 높은 사회적 지위나 권력을 가진 사람이었다면, 그리고 대안학교에 다니지 않았다면 꽤 끔찍했을 것 같다고 입을 모아 말했다.

   3부 우리가 상상하는 퀴어한 학교

소수자로 살면서 많이 아프고 힘들었지만, 자주 모든 것을 그만두고 싶었지만 함께여서 좋았다. 멈칫한 순간은 있어도 후회는 없다. 최선은 아니었더라도 우리의 순간을 긍정할 수 있을 만큼 단단한 삶이었기에 좋았다. 함께 있을 때 우리는 매번 내가 누구인지 설명하지 않아도 되었고, 온전히 나로 존재할 수 있었다. 정상과 비정상의 경계를 허물고 우리 자신만을 바라볼 수 있었다.

만약 우리가 스스로를 철저하게 속이고 커밍아웃 같은 건 하지 않았다면, 학교와 사회에서 시키는 대로만 하는 '올바른' 사람이었다면, 더 강인한 사람이라서 정체성 고민 따위는 하지 않는 '확고한' 퀴어였다면 짱똘은 존재하지 않았을 것이다. 우리는 비정상이고 불완전했기 때문에 모일 수 있었고, 그래서 더욱 아름답고 애틋했다.

우리의 삶에 존재하는 모든 가능성 중에는 지금보다 훨씬 나은 순간도 많았을 것이다. 그때 더 좋은 선택을 했더라면, 그때 그 말을 했더라면, 그때 그 짓을 하지 않았더라면. 지금 이 순간이 삶의 모든 가능성 중에서 최악의 순간일 수도 있고, 어쩌면 최고의 순간일 수도 있다. 아무래도 좋다. 지금 이 순간이 불행하지는 않으니까. 우리는 함께여서 행복하니까.

짱똘의 이야기를 투쟁기라고 부를 수도 있을 것이다. 퀴어 청소년의 존재를 지우려고 한 학교와 사회에 저항한 이야기니까. 축제에서 정체성을 적은 피켓을 몸에 붙이고, 성 중립 화장실을 제안하고, 학교에 새로운 성교육을 요구한 것은 분명 투쟁이었다. 하지만 이 말로는 우리의 모든 이야기를 다 담을 수 없다. 뜬금없이 한 커밍아웃, 잘 준비해 전교생 앞에서 한 커밍아웃, 고민 끝에 한 커밍아웃은 투쟁이었나? 퀴어 연애를 하고, 비밀스럽게 마티즈를 타고 나가 놀고, 소심한 반항의 의미를 담아 존댓말을 했던 것은 투쟁이라기보다는 일상이었다. 투쟁과 일상, 활동과 놀이 그 모든 것이 모여 변화를 만들었다.

이 모든 것을 우리는 잘 살고 싶다는 단순한 마음으로 했다. 더 '우리'이기 위해서 우리 자신에게 이름을 붙였지만, 더 온전한 정체성을 찾기 위해 그 이름 밖으로 나갔다. '우리'라는 당사자를 해체하고, 우리의 고민을 모두의 문제로 확장했다. 잘 놀고 잘 웃는 것을 무엇보다 가장 중요한 목표로 삼았다. 어느 것 하나 쉽지 않았지만, 결국에는 다 좋았다고 항상 현재 진행형인 이 이야기를 웃음으로 덮는다. 비가 오고, 밤이 오고, 그래서 지금은 조금 춥지만, 곧 무지개 핀 아침이 올 것이라는 어쩔 수 없는 믿음으로.

   3부 우리가 상상하는 퀴어한 학교

더 나은
대안을 찾아서

대안학교라는 세계

나는 6년제 대안학교에서 중고등학생 시기를 보냈다. 대안교육은 입시 중심 교육의 문제점을 비판하며 시작된 운동으로 그 영향 아래서 다양한 성격과 형태의 대안학교가 등장했다. 대안학교는 크게 국가의 재정 지원을 받아 운영하며 국가에서 요구하는 필수 교육을 포함하는 '인가 대안학교'와 국가의 재정 지원을 받지 않고 자율적인 교육 과정을 운영하며 학력이 인정되지 않는 '비인가 대안학교'로 나뉜다. 내가 다닌 학교는 오

랜 기간 비인가 대안학교였다. 어려운 환경 속에서도 '비인가'
를 고집했던 이유는 학교의 교육 철학이 그만큼 견고했기 때문
일 것이다.

　　주입식 교육에 문제의식을 느낀 사람들이 모인 만큼 우리
학교는 교과 위주의 공부보다는 생태적인 삶, 주체성, 공동체
의식을 강조했다. 우리는 그곳에서 누구나 자기 자신으로서
자유롭고 안전하게 살아갈 권리가 있고, 어떤 이유로도 누군
가를 차별하고 배제해서는 안 된다는 걸 배웠다. 학교의 이런
분위기와 신념은 퀴어들이 존재를 드러낼 수 있는 환경이 되어
주었다. 공개적으로 퀴어 정체성을 드러내도 지지해 줄 든든
한 동료가 있다는 걸 알았고, 우리 학교 구성원이라면 적어도
대놓고 혐오하지는 못할 거라는 믿음이 있었다. 어떤 개인이
다양성을 존중하지 않더라도 누군가를 대놓고 차별하기는 힘
든 분위기였다. 공동체 구성원들은 소수자 혐오는 잘못된 것
이며, 다양성을 존중해야 한다는 생각을 암묵적으로 공유하고
있었다.

이미 충분하다는 안일함

대안학교는 얼핏 보면 완벽한 공간처럼 보인다. 시험 성적으

　　　　　　　　　　　　　　　3부 우리가 상상하는 퀴어한 학교

로 등급을 나누지도 않고, 경쟁을 부추기지도 않는다. 매주 학생과 교사가 모인 회의에서 학교의 문제를 함께 토론하고 개선한다. 학생, 교사, 양육자 세 주체가 수평적인 관계를 지향하며 서로의 의견을 존중하고 최선의 결정을 내리기 위해 노력한다. 이렇게 이상적인 학교가 어디 있겠는가? 그래서인지 양육자들이 학교에 오면 매번 하는 말이 있다.

"너네는 하고 싶은 거 다 하면서 학교 다닐 수 있어서 좋겠다. 내가 학생일 때도 대안학교가 있었으면 좋았을 텐데."

그럴 때면 나는 학교의 수많은 부족한 점을 떠올리면서도 겉으로는 고개를 끄덕인다. 학교에 대한 불만을 이야기하면 늘 "복에 겨운 소리 한다"라는 대답이 돌아오기 때문이다. 학교 바깥의 사람들에게도 우리의 이야기가 배부른 소리처럼 느껴질 것이다. 짱똘이 학교에서 여러 활동을 할 수 있었던 것도 다양성을 존중하는 학교의 가치, 문화 덕분이니까. 여전히 권위적이고 다양성을 존중하지 않는 다른 학교들에 비해 모두를 위한 화장실이 있고, 퀴어 교육이 이루어지는 우리 학교는 상대적으로 안전한 학교가 맞다. 하지만 '복에 겨운' 우리에게도 불편함과 어려움이 있다. 우리 학교에서도 여전히 "너 게이냐?"라는 말이 농담처럼 오가고, 성별 이분법적인 호칭이 당연한 것처럼 쓰인다. 그 밖에도 바꿔야 할 문화와 규칙이 수두

룩하다.

우리 학교의 핵심 가치는 더불어 사는 삶이지만 그 공동체에서 장애인, 퀴어와 같은 소수자의 존재는 쉽게 지워진다. 모두를 위한 화장실을 설치하면서 휠체어가 들어갈 수 있는 장애인 칸을 만들었지만, 턱과 계단이 많은 학교 구조상 휠체어를 타고 학교 건물로 들어오는 것 자체가 쉽지 않았다. 게다가 여성, 남성, 성 중립의 선택지가 있는 비장애인 칸과 달리, 장애인 칸은 오로지 성 중립 화장실로만 만들어 장애인을 무성적인 존재로 보는 한계를 드러내고 말았다. 학교를 홍보할 때는 소수자를 완벽하게 포용하는 공동체인 척하지만, 알고 보면 알맹이는 텅 비어 있는 것이다. 과거에 비해, 다른 학교에 비해 낫다는 말이 더 평등하고 안전한 공동체를 만들고 싶은 우리를 가로막는다.

학교에서 경험한 미세한 폭력과 차별적인 구조에 문제를 느낀 학생들이 학교에 변화를 요구했을 때 상당수 교사의 반응은 냉담했다. 우리 학교는 이미 모두의 존재를 충분히 수용하고 있고, 과거와는 많이 달라졌으니 이 정도면 충분하지 않느냐는 것이었다. 마치 미세한 폭력은 폭력이 아니라는 듯이, 물리적인 폭력이 없으니 괜찮다는 듯이. 하지만 "이 정도면 충분하다"라고 말하는 건 당사자의 몫이다. 차별과 혐오를 경

   3부 우리가 상상하는 퀴어한 학교

험하는 사람은 당사자이기 때문이다. 학교에서 일어나는 차별은 대부분 너무 미세하고 교묘해서 당사자가 아니면 잘 느끼지 못한다. 예를 들어 나는 성 중립 화장실 칸이 모두 차 있으면 여자 화장실에 들어간다. 성 중립 화장실은 나의 선택지 중 하나일 뿐이다. 하지만 꼬꼬는 성 중립 화장실이 모두 차면 자리가 날 때까지 기다려야 한다. 꼬꼬에게는 다른 선택지가 존재하지 않는다. 꼬꼬의 이야기를 듣고 나서야 화장실을 '선택'할 수 있는 것이 나의 특권이라는 걸 깨달았다. 나는 성 중립 화장실이 생겼다는 사실 자체가 의미 있고 충분하다 느꼈지만, 누군가에는 상황이 조금 나아졌을 뿐 충분하지는 않은 것이다.

이처럼 당사자가 아니면 알아채기 어려운 문제들이 많다. 그래서 당연하게 누려 온 특권이 많은 사람일수록 소수자의 이야기에 온전히 공감하기 어렵다. 지정 성별 여성이자 퀴어이고 청소년인 내가 느끼는 안전함과 퀴어가 아닌 비청소년 남성 교사가 느끼는 안전함의 감각이 다른 것은 어찌 보면 당연한 일이다. 그러니 당사자의 목소리에 더 집중해야 한다. 소수자, 당사자가 안전하다고 느끼는 공간은 다른 모든 이들에게도 안전한 공간일 것이다.

이미 충분하다는 안일함은 학교의 구조적인 문제에서 비

롯된 측면이 많다. 국가의 재정 지원 없이 등록금으로만 모든 지출을 감당해야 하는 비인가 대안학교는 늘 재정적인 어려움을 겪는다. 그래서 교사들은 실제로 하는 노동에 비해 적은 임금을 받는다. 교사 수는 적은데 처리해야 할 업무는 많고 보상은 적다 보니 학교의 구조, 문화를 바꾸는 데 에너지를 쏟기 어렵다. 소수자의 인권을 개선하는 문제보다는 당장 신입생을 유치하고 학교를 운영하는 일이 급하다. 게다가 공들여 만든 안전하고 민주적인 학교라는 이미지에 흠집이 생기면 안 되기 때문에 우리가 학교의 차별적인 구조에 문제를 제기하면 운영자들은 그 말이 외부로 퍼져 나가지 않는 것에만 신경을 쏟았다.

우리가 겪는 차별은 다른 것보다 덜 급하다는 이유로 쉽게 후순위가 되었고, 우리가 느끼는 불편함은 '어쩔 수 없는 사정'이라는 말로 덮어 두고 해결하지 않는 경우가 많았다. 스스로의 안전을 지키기 위해 변화를 이야기하는 우리를 운영자들은 마치 공동체의 평화를 깨는 침입자처럼 대했다. 우리가 일부러 새로운 문제를 계속 일으키기라도 한다는 듯이 내내 경계하는 태도를 버리지 않았다. 하지만 문제를 일으킨 건 우리가 아니다. 문제는 아주 오래전부터 존재했다. 우리가 한 일은 모두가 외면하던 문제를 꼬집고 드러내 바꾸려 한 것뿐이다.

　　　　　3부 우리가 상상하는 퀴어한 학교

학교의 가능성

학교는 우리가 새로운 동료를 만나고 다양한 역동을 일으킬 수 있는 곳이었다. 같은 공간에서 일상적으로 마주치며 지식과 경험을 공유할 수 있는 환경은 우리가 언제든 쉽게 모여 변화를 도모할 수 있게 했다. 또, 서로가 어떤 사람인지 어느 정도 파악한 상태에서 함께할 수 있는 안정적인 울타리가 되었다. 짱똘이 이처럼 다양한 활동을 펼칠 수 있었던 건 우리가 학교라는 한정된 공간에 있었기 때문이기도 하다.

우리는 여기에 학교의 가능성이 있다고 생각한다. 학교는 청소년을 교육하고 보호하고 관리하는 기관을 넘어, 청소년이 인생의 긴 시간을 보내며 의미 있는 경험을 하고 소중한 관계를 맺으며 자신을 발견해 가는 중요한 생활 공간으로서 기능할 수 있는 곳이다. 단순히 입시나 취업을 준비하는 곳, 성장의 '과정'을 담당하는 곳만이 아니라 한 사람이 고유한 개인으로서 온전히 존중받으며 타인과 협력과 연대를 도모하는 공간으로 거듭날 수 있다. 자신의 정체성 때문에 가정에서 물리적, 정서적 어려움을 겪는 청소년에게 학교가 그런 공간이 되어 준다면 우리 사회는 지금과는 꽤 다른 모습이 되지 않을까? 학교에서 존중과 연대의 기억을 쌓은 사람이라면, 청소년기에 퀴어한 학교를 경험한 사람이라면 이후 인생을 살아가며 얼마든지 퀴어한 사회, 더 평등한 세상을 상상할 수 있지 않을까?

신기하게도 짱똘의 대화는 늘 대안교육의 부족한 점을 지적하며 시작하지만, 대안학교였기에 시도할 수 있었던 일이 많았다는 것을 인정하며 끝이 난다. 대안학교라는 공동체에 속해 있었기 때문에 우리는 불편한 점을 이야기하고 변화를 요구할 수 있었다. 학교의 어떤 문화가 차별적이라고 이야기하면 쉽게 공감과 동의를 얻을 수 있었고, 곁에는 늘 함께 목소리를 내 줄 사람들이 있었다. 짱똘이 다양한 활동을 펼칠 수 있었던 가장 큰 이유는 바로 여기에 있다. 학교는 퀴어 청소년이 모여 '짱똘'을 만들고, 다양한 소수자 및 앨라이와 연대할 수 있는 배경이 되어 주었다. 덕분에 우리는 사회에 나와서도 사람들을 모아 목소리를 내는 일이 두렵지 않았다. 연대의 힘을 알기에 퀴어가 아닌 다른 소수자들의 문제에도 관심을 갖고 참여할 수 있었다.

이 책은 대안교육의 실체를 폭로하거나 우리가 다닌 학교를 비난하기 위해 쓴 것이 아니다. 짱똘은 오랜 기간 학교를 중심으로 존재했고, 그곳에서 목소리를 내고 변화를 만들었다. 학교가 더 평등하고 안전해지기 위해서는 무엇이 필요한지 치열하게 고민했다. 그때나 지금이나 우리가 학교의 부족한 점

　　　　　　　　　　3부 우리가 상상하는 퀴어한 학교

에 대해 이야기하는 이유는 단순하다. 우리가 좋아하는 이 공간이 지금 이대로 안주하지 말고, 계속해서 더 나아지기를, 더 좋은 '대안'을 찾아 앞으로 나아가기를 바라서다. 우리에게 소중한 인연을 만들어 준 그곳을 상처만 가득한 곳으로 기억하고 싶지 않다. 우리가 애정과 믿음을 쏟았던 그곳이 더 많은 사람에게 더 안전한 곳이 되면 좋겠다. 완벽한 공동체란 없을 것이다. 우리의 학교가, 그리고 여러분이 속해 있는 수많은 공동체들이 지금의 부족함을 인정하고 좀 더 나은 곳으로 변화하기를 바란다.

더 많은 학교에
더 많은 짱똘이 나타나기를

대안학교는 되지만 퀴어는 안 돼

짱똘의 첫 활동으로 퀴어 가시화 부스를 차렸던 축제가 끝난 뒤의 어느 날이었다. 당시 맡고 있던 학급의 양육자 모임에서 짱똘 이야기가 나왔다. 양육자들은 짱똘이 부스 활동과 책자를 통해 알린 퀴어 정체성에 대해 궁금했던 것을 서로 묻기도 하고 자신의 의견을 밝히기도 했다. 곁에서 이 대화를 들으며 나는 솔직히 조금 두려웠다. 축제에서 내가 '나는 레즈비언입니다'라는 피켓을 붙이고 다녔기 때문이다. 그날은 짱똘과 함께였기 때문에 안심할 수 있었고 별다른 분위기를 감지하지 못했지만, 그 이후로 '이제 내가 퀴어인 것을 다 알겠지? 괜찮을까?' 하는 생각이 내내 나를 따라다녔다.

그래서 양육자들의 이런 대화가 그다지 편치 않았다. 대화에 적극적으로 참여하지 않고 내 안전을 지키며 조용히 듣고 있었다. 그러던 중에 한 양육자가 내게 물었다.

"쌤, 그때 쌤도 몸에 피켓 붙이고 있지 않았어요? 뭐였죠? 무슨 단어였는데⋯⋯."

그 질문을 듣자마자 크게 긴장했다. 이 대화는 과연 어떻게 흘러갈까. 옆에 있던 분이 "레즈비언"이라고 답하자 질문했던 분이 한 번 더 물음을 던졌다.

"레즈비언이 뭐예요?"

그분은 레즈비언의 뜻을 모르고 계셨다. 나는 동성애자를 뜻한다고 답하고 반응을 기다렸다. 그분은 그냥 모르는 단어를 새로 알게 되었을 때 보이는 정도의 반응을 하는 데 그쳤다. 이 상황은 오랜 시간이 지난 지금도 여전히 내 마음속에 남아 있다. 그분은 '레즈비언'이라는 단어를 '나'와 연결시키지 못하는 듯했다. 학교에서 워낙 많은 캠페인을 하다 보니 나도 그냥 캠페인을 하고 있던 거라고 생각했을까? 아니면 내 성적 지향이 그렇다는 것을 알아차렸지만 모르는 척한 걸까? 결국 답을 찾지 못했지만 직접 물어볼 용기는 없었다.

그렇게 내 이야기가 지나가고, 대화는 자연스럽게 퀴어에 대한 인식으로 이어졌다. 여러 이야기가 오가던 가운데 누군가의 한마디에 나는 멈칫했다.

"퀴어는 존중하지만 우리 아이는 퀴어가 아니었으면 좋겠어요."

퀴어는 존중하지만 내 가족 중에는 퀴어가 없었으면 좋겠다는 바람이었다. 이런 마음은 대개 나의 소중한 존재가 불행한 삶을 살지 않았으면 좋겠다는 바람과 맞닿아 있다. 퀴어를 비롯해 대부분의 소수자는 불행하고 쉽지 않은 삶을 살 거라고 생각하기 때문이다. 많은 양육자들이 자신의 자녀만큼은 '정상성 트랙'을 벗어나지 않고 행복하게 살기를 바란다. 물론 그 마음은 이해할 수 있다. 하지만 나는 그날 큰 모순을 느꼈다. 자녀가 '정상성 트랙'을 벗어나 대안적인 삶을 살기를 바라며 대안학교에 보낸 사람들이 왜 또 다른 종류의 정상성에서 벗어나는 건 두려워하는 것일까? 속상한 마음이 컸지만, 양육자들의 마음을 알고 싶어 그때부터 대화에 적극적으로 참여했다.

"만약 자녀가 퀴어라면 그런 생각을 하는 가족에게는 커밍아웃하지 않을 수도 있어요. 자녀가 자신의 정체성을 평생 숨기고 살아도 괜찮으세요?"

　　　　　　　　　　3부 우리가 상상하는 퀴어한 학교

"저희 아이는 퀴어일 리 없어요."

우리의 대화에는 걱정과 불안이 담겨 있었다. 나는 내 성적 지향이 드러나 교사를 그만두게 되거나 양육자와의 관계에 문제가 생길까 봐 두려웠다. 양육자들은 자신의 자녀가 퀴어일 수도 있다는 상상을 하고 싶어 하지 않았다. 그래서 우리는 끝없이 상대의 말에서 의도와 맥락을 찾으려고 애썼다. 양육자들은 퀴어에 대해 더 알고 싶은 마음은 있었지만, 그것이 본인 자녀의 일이라고 생각하면 걱정이 앞서 대화를 이어 가기 힘들어했다. 나는 그날 우리 사회가 규정한 '정상성'에서 벗어난 학교를 선택한 양육자들도 정상성 바깥의 삶에 대해 비슷한 두려움과 걱정을 가지고 있다는 걸 알게 되었다.

짱똘 멤버들의 동의하에 양육자들에게 책을 선물한 적이 있다. 아직 양육자들 앞에서 대놓고 커밍아웃할 자신이 없었던 나는 우회적으로 퀴어에 대한 책을 선물하며 양육자들과 터놓고 이야기할 수 있기를 바랐다. 그렇게 손을 내밀면서도 내가 퀴어라는 사실이 양육자들의 걱정과 불안을 더 키울까 봐, 내가 학생들에게 퀴어에 대한 지식과 정보를 알려 줘서 그들이 혼란을 느끼게 되었다고 질타를 받을까 봐 두려웠다. 교사로서 받았던 지지와 사랑이 물거품처럼 사라질 것 같은 불안감에 결국 나는 제대로 된 대화를 시도하지 못했다.

다시금 나를 지우는 학교에서

내가 경험한 퀴어의 삶은 불행하기만 한 모습은 아니었다. 존재가 부정당하는 순간들 때문에 힘들기는 하지만, 오히려 퀴어이기 때문에 나 자신에 대해 더 많이 생각하고 더 자세히 알아 가는 시간을 보낼 수 있었다. 내가 어떤 사람인지, 나는 어떤 것을 좋아하는지 좀 더 섬세하고 예민하게 탐색할 수 있었다. 그 과정을 퀴어 청소년이 온전히 경험할 수 있도록 교사로서 무언가 역할을 하고 싶었다.

그러나 교내 첫 오픈리 퀴어 꼬꼬가 나타난 후 나는 내 역할을 제대로 찾지 못했다. 짱똘 활동이 우리에게 큰 해방감을 준 것은 사실이지만, 나는 학교 안에서 퀴어 동료일 뿐만 아니라 교사이기도 했다. 퀴어 청소년을 응원하고 지지하는 교사가 되고 싶으면서도 퀴어 정체성을 드러낸 채 교사로 계속 일할 수 있을까 불안하기도 했다. 학교에서는 퀴어 정체성을 지우고, 짱똘에서는 교사 정체성을 지우는 방식으로 아슬아슬하게 살았던 것 같다. 두 가지 정체성이 공존할 수 없다고 생각했다.

퀴어 관련 수업을 할 때는 사회의 규범을 뒤흔들며 자유로운 분위기의 교실을 만들었지만, 교사의 역할이 필요할 때는 청소년의 자유를 제한하기도 하고 규범에 갇히기도 했다. 퀴어 청소년들과 어울리며 다양한 활동을 하는 것이 즐거웠지만, 그들이 학교에서 차별을 당하거나 위험한 순간에 놓였을 때 교사로서 적절한 지원과 도움을 주었는지에 대해서는 여전히 시원하게 답하지 못한다. 마음만 먹으면 교사의 권력을 이용해 퀴어에게 안전한 학교를 만들기 위한 여러 시도를 할 수 있었을 것이다. 그러나 교사에 대한 사회적인 인식과 규범을 넘어서는 게 무서웠고, 무엇보다 상처받고 싶지 않았다. 내가 속한 공동체에서 퀴어라는 이유로 배제되고 싶지 않았다. 그래서 대부분의 순간에 퀴어 정체성을 숨긴 채 살았다.

내가 퀴어라는 것이 드러나면 그동안 학교에서 받았던 인정과 사랑이 다 사라질 것만 같아 더 애를 쓰며 살았다. 학급 운영도, 수업도, 학생이나 양육자와의 관계도 다 잘해 내야 할 것만 같았다. 그렇게 해야 나중에 퀴어라는 것이 드러나도 계속 교사로서 살아갈 수 있을 거라 생각했다. 주변의 평가를 지나치게 의식하고, 퀴어가 아닌 척 행동하려 애쓰던 순간들이 많았다.

교사가 되어 다시 학교로 돌아왔을 때 나는 퀴어든 누구든 모두가 자유롭고 평등하게 지낼 수 있는 학교를 꿈꿨다. 청소년들에게 내가 청소년일 때는 만나 보지 못했던 비청소년 퀴어를 만나게 해 주고 싶었다. 그 만남을 통해 그들이 퀴어로 살아갈 미래를 그려 볼 수 있기를 바랐다. 하지만 돌아온 학교는 퀴어가 살아가기에 여전히 불안한 지점이 많았다. 과거에 비해 훨씬 개방적이고 자유로워졌지만, 학생들도 나도 퀴어로서 안심하고 살아갈 만큼은 아니었다. 나는 퀴어 청소년들의 친구이자 동료는 될 수 있었지만, 그들의 삶을 지원하는 교사의 역할은 제대로 하지 못했다.

여전히 당사자의 몫이 큰 운동

한국 사회는 '보호'라는 이름으로 청소년의 독립도, 자유도, 주체적인 선택도 허용하지 않기 때문에 퀴어 청소년 역시 원가족이나 학교와 연결된 채 살아갈 수밖에 없다. 운 좋게 퀴어 정체성을 함께 고민해 주는 가족이나 교사, 친구를 만나면 정체화 과정이 타인의 지지와 자긍심을 얻는 시간으로 기억될 수 있지만, 많은 경우 '아직 어려서 그렇다, 일시적인 혼란일 뿐이다' 같은 말로 정체성을 부정당하곤 한다.

그래서 퀴어 청소년들은 정체성을 아예 숨기는 선택을 할 때가 많다. 만약 더 이상 숨기지 않고 무언가 변화를 시도하기로 마음먹는다면, 결국 자신이 나서서 주장하고 싸우는 수

밖에 없다. 학교의 규칙이나 규범에 담긴 편견, 혐오를 드러내는 일도, 그것을 어떻게 바꾸어 나갈지 고민하고 대안을 내는 일도 결국 퀴어 청소년 본인이 나서서 하게 된다. 짱똘 활동을 할 때도 당사자 중심으로만 운동을 이어 가야 한다는 것이 가장 큰 고민이었다. 분명 학교는 모든 존재가 자유롭고 평등하고 안전하게 지낼 수 있는 곳이 되고자 했지만, 퀴어와 관련해서만큼은 당사자의 몫이 컸다. 그때 좀 더 많은 사람의 지지가 있었다면, 교사와 양육자들의 적극적인 관심과 참여가 있었다면, 학교 차원의 노력이 있었다면 더 큰 변화가 만들어지지 않았을까?

나는 양육자들과 나눈 대화를 떠올릴 때마다 왜 사람들은 '퀴어의 삶'을 걱정과 우려 섞인 마음으로 바라볼까 궁금했다. 그 마음이 어디에서 온 것인지, 우리가 함께 나눠야 할 이야기는 무엇일지 오랫동안 고민했다. 정말 자녀를 향한 걱정이라면 든든하게 의지할 수 있는 버팀목이 되어 주는 편이 더 좋지 않을까. 퀴어 청소년이 어떤 일상을 살아가고 있는지, 지금 마음은 어떠한지 살펴보는 것이 더 우선이지 않을까. 사회는 여전히 퀴어 청소년들에게 "네가 아직 너 자신을 잘 몰라서 혼란을 겪고 있을 뿐이야"라고 말한다. 그 혼란을 들여다보려는 노력은 거의 하지 않는다. 나는 청소년들이 안전하게 자기 탐색을 하기 위해서는 어떤 사회와 학교, 가족이 필요한지 함께 대화하고 상상해 보고 싶다.

퀴어 청소년만큼이나 그들의 양육자 또한 마음을 터놓을 곳이 없다. 자녀에 대해 남들이 함부로 하는 말을 듣고 싶지 않기에 걱정과 고민을 아예 드러내지 않는다. 그럴수록 자녀와의 관계에는 골이 깊어진다. 따라서 교사와 학생에게는 물론 양육자에게도 퀴어에 대해 알아 가고 대화를 나눌 장이 필요하다. 학생과 교사, 양육자가 모두 모이는 학교라는 공간이 그런 장이 되어 주면 어떨까? 대학 진학과 진로 교육에 한정된 자아 찾기가 아니라, 다양한 정체성을 배우며 '나'에 대해 진지하게 탐구하는 과정을 학교에서 학생과 교사, 양육자가 모여 만들어 보면 어떨까? 그런 시도가 하나둘 모인다면 학교는 우리 사회의 그 어느 곳보다 더 다양하고 안전하고 자유로운 공간으로 거듭날 것이다.

퀴어한 삶이 준 선물

짱똘을 통해 퀴어 청소년들과 함께한 시간은 내게 큰 용기를 주었다. 퀴어 교사로서 겪는 불안을 달래는 위로가 되었고, 이후 좀 더 다양한 형태의 운동을 실천해 나가는 계기가 되기도 했다. 짱똘에서 나는 온전히 나로 존재했다. 그곳은 내가 나의 정체성을 그대로 드러내며 지낼 수 있는 유일한 시간이자 공간이었다.

짱똘은 퀴어 관련 이슈 이외에도 다양한 사회 문제에 연대하거나 참여할 수 있는 방법을 모색했다. 자신의 안전을 지키려 모인 우리가 다양한 정체성을 가진 사람들이 안전한 일상을 누리며 다 함께 공존하는 삶을 고민하기 시작한 것이다. 그러면서 우리는 공동체 밖의 더 넓은 세상과 연결되었다. 그 과정에서 소수자의 삶이 그저 불행하고 외롭기만 한 것은 아니며, 소수자의 삶을 위협하는 세상에도 여전히 서로를 지지하며 지켜 주는 사람들이 있다는 것을 알았다.

운 좋게도 우리는 그런 경험을 학교에서 했다. 학교는 우리가 차별과 혐오를 경험한 공간이기도 했지만, 끈끈한 연대 속에서 다양한 활동을 실천한 장이기도 했다. 학교 규범에 맞서 변화를 이끌어 내고, 우리를 지지하는 앨라이를 만나고, 학교 밖 사람들의 도움과 응원까지 받으며 우리는 세상을 조금은 믿을 수 있게 되었다. 퀴어이기 때문에 우리는 학교 안팎을 넘나들며 세상과 연결될 수 있었다.

퀴어한 삶은 또한 우리에게 새로운 감각을 선물했다. 우리는 차별과 폭력을 남들보다 더 빨리 느낄 수 있다. 그 감각은 우리가 나만 잘 사는 세상이 아니라, 서로를 돌보며 모두가 함께 잘 사는 세상을 향해 나아갈 수 있도록 길잡이 역할을 해 준다. 나 자신을 깊이 탐색해 본 경험, 차별과 폭력에 대한 감각, 동료들과 연대해 변화를 도모했던 일은 우리의 삶을 다채롭게 만들었다. 내가 익힌 감각으로 누군가의 일상을 지켜 줄 수 있다는 믿음은 우리의 연결을 더욱 단단하게 했다.

우리 모두의 삶은 단순하지 않다. 모두가 행복하고 평탄한 삶을 꿈꾸지만 그건 허상에 가깝다. 저마다 일상에서 정체성이 부딪히고 깎이는 경험을 하고, 그 과정에서 앓기도 하고 배우기도 한다. 퀴어의 삶 또한 그런 여러 삶 중의 하나일 뿐이다. 누군가에게는 퀴어의 삶이 어렵고 힘들고 틀린 것처럼 느껴질 수도 있지만, 그건 아주 단편적인 모습만을 알기 때문이다. 그 단편적인 모습이 삶의 한 조각임을 깨닫지 못하고, 힘든 삶이니 거기서 벗어나 다른 사람들과 비슷하게 살아야 한다며 퀴어의 일상을 뒤흔드는 이들이 있다. 그러한 말들에 순간순간 삶이 뒤흔들리는 퀴어한 존재들에게는 그런 세상이 잘못되었다고, 퀴어를 지우는 학교와 사회를 바꿔 나가자고 말하는 동료들이 필요하다.

알고 보면 세상에는 아직 드러나지 않은 여러 실천과 운동이 많을 것이다. 우리가 다닌 학교만큼 안전하지 않아서 존재를 드러내지 않고 학교와 구성원들을 변화시키려 시도하는 사람들도 있을 것이고, 인권 동아리나 페미니즘 동아리라는 이름으로 퀴어 운동을 펼치는 사람들도 있을 것이다. 이런 다양한 움직임이 학교라는 장에서 시도된다면 퀴어 정체성을 가진 청소년들이 서로를 알아보고 연대할 수 있을 것이다. 사실 그 시도란 그리 특별하거나 대단한 것이 아니다. 수업에서 무심코 나온 혐오의 말을 짚어 주는 것, 퀴어 콘텐츠를 본 이야기를 들려주는 것, 책장에 꽂혀 있는 퀴어 관련 책이나 노트북에 붙어 있는 무지개 스티커를 보여 주는 것, "너 게이냐?"라는 말을 웃어넘기지 않는 것. 그러다 보면 누군가 말을 걸어올지도 모른다. 어쩌면 커밍아웃을 하며 동아리를 만들어 보자는 제안과 함께.

우리는 짱똘과 비슷한 실천이 더 많은 학교, 청소년이 있는 더 다양한 공간에서 이루어지기를 바란다. 이런 움직임이 서로 연결된다면, 그렇게 모인 힘은 세상의 차별과 혐오를 부술 짱똘이 될 것이다. 사회의 규범에 틈을 내고, 그 틈에 다양한 존재들이 살아갈 공간을 만들어 낼 것이다. 우리는 그렇게 세상에 던져질 짱똘이 되고자 하는 동료들을 찾고 있다. 우리가 부수어야 할 무수히 많은 벽장과 그 안에서 자신만의 안전한 시간을 보내고 있을 친구들을 찾는다. 그렇게 모인 다양한 모양의 짱똘

을 가득 쥐고, 다채롭고 자유롭게 살아갈 무지개 핀 아침을 향
해 간다. 우리의 색으로 가득 찰 학교와 세상을 꿈꾸며.

 3부 우리가 상상하는 퀴어한 학교

우리가 상상하는
무지갯빛 학교

학교를 비롯한 사회 곳곳에는 퀴어 청소년 이외에도 다양한 청소년 소수자들이 살고 있습니다. 비건 메뉴를 선택하고자 하는 사람, 엘리베이터와 경사로가 있어야 이동이 가능한 휠체어 이용자, 수어 통역이나 자막이 필요한 청각 장애인, 그 밖의 여러 신체적 혹은 정신적 특성 때문에 어려움을 겪는 청소년이 적지 않습니다. 이러한 어려움 때문에 학교나 집을 떠나는 경우도 많고요. 다양한 정체성을 가진 청소년들이 자신의 모습 그대로 존중받으며 자유롭고 안전하고 당당하게 생활할 수 있는 공간을 상상해 보았습니다. 여기서는 '학교'라는 틀 안에서 우리가 꿈꾸는 세상을 표현했지만, 이러한 상상이 학교 밖 다양한 공간에서 펼쳐지기를 바랍니다.

오늘은 가족 구성권에 대해 알아봐요
오늘 젠더 수업 주제는 뭐예요?
오늘 점심 메뉴 뭐야?
불고기 전골이랑 버섯만두 전골! 오늘 비건 메뉴 맛있겠더라.
비건
논비건
텃밭

퀴퍼 같이 갈래? 교통비도 지원해 준대
모두의 화장실
안전한 학교를 만들기위한 약속
퀴퍼 같이 갈 사람!
선착순!

현재 짱똘 멤버들은 모두 학교를 졸업하고, 각자의 삶을 살고 있습니다. 종종 만나 서로의 안부를 묻고, 학교에서의 활동들을 회상하면서요. 학교를 졸업한 후 만난 사회는 우리가 다녔던 학교와 비슷하기도 하고, 아주 낯설기도 합니다. 안전할 것이라 기대했던 학교에서 차별을 마주했던 것처럼 사회 곳곳에서 종종 혐오를 마주합니다. 하지만 또다시 보편적인 것에 균열을 내고, 예상치 못한 곳에서 동료를 만나고, 그들과 연대하며 하루를 살아갑니다. 나를 지지하고, 함께하는 동료가 있다는 것에 큰 힘을 얻으면서요.

짱똘은 학교의 차별적인 문화와 규칙, 그리고 공간을 바꿨습니다. 퀴어를 타자화하고 마치 유니콘처럼 여기던 학교에서 짱똘의 존재는 우리 주변에도 퀴어가 있다는 사실을 일깨웠습니다. 또, 시스젠더 이성애자를 기본 전제로 만들어진 수많은 문화와 규칙이 정말 자연스러운지 의문을 제기했습니다. 짱똘이 만든 작은 균열은 나비 효과가 되어 큰 변화로 이어졌습니다. 청소년 퀴어문화축제를 열어 퀴어와 앨라이의 연대를 꾀하고, 학교에서 하는 각종 설문에서 성별 표기를 없애거나 '모두를 위한 화장실'을 만드는 등 구조적인 문제를 해결하는 데도 앞장섰습니다. 짱똘은 그동안 모두가 당연하게 여겨 온 생각에 균열을 내고, 새로운 가능성을 열며 학교를 변화시켰습니다.

짱똘의 이야기는 아직 끝나지 않았습니다. 각자의 현실에서 새로운 이야기를 써 나가고 있기 때문이죠. 책을 쓰며 청소년기에 느꼈던 고민과 일상을 최대한 솔직하게 담으려 노력했습니다. 하지만 아직 해결하지 못한 고민이라서, 자세히 설명하지 않으면 오해가 생길 수 있어서 적지 못한 이야기들도 있습니다. 모든 이야기를 완벽하게 담을 수 없었던 건 우리가 현재를 살고 있기 때문입니다. 이 책에는 지금의 우리가 할 수 있는 이야기들을 담았습니다. 앞으로 더 안전한 세상이 되어 이 책에 들어가지 않은 다양한 퀴어 청소년의 이야기가 세상에 드러나기를 바랍니다.

함께 뭉쳐 많은 변화를 만들어 냈던 우리는 이제 이 운동을 지속할 방법을 고민합니다. 오랜 시간 짱똘의 가장 큰 고민은 새로운 멤버를 만나지 못하는 것이었습니다. 멤버들이 차례로 졸업하고 나자 학교에는 더 이상 짱똘의 활동을 이어 갈 사람이 없었습니다. 앞으로 우리가 어떤 활동을 할 수 있을지도 고민이었고요. 끝내 다다른 결론은 분명 또 다른 형태의 짱똘이 등장할 것이라는 희망입니다. 짱똘은 대안학교라는 특수한 배경과 멤버 각자의 고민, 선택, 행동 등 여러 우연이 겹쳐 탄생했습니다. 다른 어딘가에서, 다른 누군가도 이렇게 여러 우연 속에서 또 다른 짱똘을 만들 거라 생각합니다.

지금 우리가 할 수 있는 일은 우리가 만든 역동을 기록하고, 더 다양한 사람들과 공유하는 일이라고 생각합니다. 우리의 이야기가 여러분에게 새로운 용기가 되기를, 또 하나의 역동을 만들어 내기를 기대합니다.

모여라! 퀴어 청소년

2026년 3월 25일 1판 1쇄

지은이
퀴어 청소년 당사자 모임 짱똘

편집	디자인	그림
이진, 이창연, 장윤호	박다애	최진영

제작	마케팅	홍보
박홍기	김수진, 이태린, 이예지	조민희

인쇄	제책
천일문화사	J&D바인텍

펴낸이	펴낸곳	등록
강맑실	(주)사계절출판사	제406-2003-034호

주소	전화
(우)10881 경기도 파주시 회동길 252	031)955-8588, 8558

전송
마케팅부 031)955-8595, 편집부 031)955-8596

홈페이지	전자우편
www.sakyejul.net	skj@sakyejul.com

블로그	페이스북	트위터
blog.naver.com/skjmail	facebook.com/sakyejul	twitter.com/sakyejul

ISBN 979-11-6981-429-4 43330